京都の庭とお菓子さんぽ

烏賀陽百合

はる・なつ・あき・ふゆ
京都案内

X-Knowledge

京都には〝その季節〟の
庭とお菓子がある

52ページ 酒菓喫茶かしはて「朝菓子の会」

はじめに

京都には四季折々の美しい庭園と、その季節にしか味わえないお菓子がある。

それぞれの季節によって庭の景色が変わるように、お菓子にも「季節」がある。お正月の花びら餅や、六月の水無月、秋の栗のお菓子など、歳事のお菓子をいただくことで、四季を知る。

またその場所に行くと、必ず食べたくなるお菓子がある。庭園を見た帰りにお気に入りのお店に立ち寄り、お菓子をいただき一息つく。日々のことを少し忘れ、幸せを感じる。

庭園と和菓子を繋ぐ代表的な文化は「茶道」だ。露地の庭を歩き、茶室に生けられた花を愛で、季節を感じる。そしてお茶事でいただく和菓子には、歳事が美しく表現されている。日本人の四季を愛する気持ちや自然への憧れが、庭や菓子に溢れている。

様々な国を旅するが、これだけの美しい庭園とお菓子が存在する場所は他にない。京都は特別なのだ。四季の庭園もお菓子も楽しめる喜びを、ぜひ味わって欲しい。

春は梅や桜
夏は青葉
秋は紅葉
冬は雪と石組

「雪月花の三庭園」のひとつ「花の庭」として蘇った「天神さん」の梅苑。39ページ 北野天満宮

自然の縮景
である庭では
四季折々の
美しさに出合える

川端康成が「山の音」を執筆した場所とされる。172ページ 嵐山祐斎亭

真っ赤な霧島ツツジに彩られた「蓬莱の世界」。68ページ 曼殊院

また、庭は歴史や文化、仏の教え、
極楽浄土などを表したものでもある。
さまざまな顔を持つ庭に会いに
京都に足を運んではいかがだろうか。

もくじ

十月

十一月

十二月

ブックデザイン／三木俊一＋髙見朋子（文京図案室）

撮影／野口さとこ

編集／鴨田彩子

印刷／シナノ書籍印刷

本書の見方

この本では、十二カ月ごとに京都の庭園とお菓子を紹介しています。訪れる際は、以下の点にご注意ください。

・各施設の情報は、二〇二五年一月現在のものです。記載内容について変更が生じる場合があるため、ご了承下さい。
・庭園の見学は拝観料がかかり、また、通年公開と期間限定で公開しているものがあります。お出かけの際は、事前にご確認下さい。

施設とルート

庭園と、その近辺のお菓子の施設(店舗)について案内をしています。移動手段は、市内の電車、バス、徒歩で、移動時間はおおよその目安です。ルートは庭園、お菓子の店舗の順に記載していますが、お好みの順序、ルートで訪れましょう。

地図

紹介した施設(店舗)同士の距離は、近いものは徒歩10分以内。遠いものは、1時間程度かかるものがあります。離れた場所同士の場合、移動時間も含めてお出かけしましょう。

1 二条城《にじょうじょう》
京都市中京区二条通堀川西入二条城町541
|見学| 8時45分～16時

バス+徒歩15分

2 京菓子司 亀廣脇《かめひろわき》
京都市上京区浄福寺丸太町下る
西入る主税町1053-2
|営業| 9～17時。日・祝、その他休み

今はなき二条城の跡に栄華の名残を見つける

二条城周辺には神泉苑などの歴史的名所の他に、素敵なカフェが多い。特に美味しいコーヒーの店が多く、CLAMP COFFEE SARASAや、隠れ家的な二条小屋、SONGBIRD COFFEE、common.など、どの店も雰囲気が良い。二条城の後はぜひコーヒー散策を楽しんで欲しい。

1 元離宮 二条城《にじょうじょう》
京都市中京区二条通堀川西入二条城町541
|見学| 8時45分〜16時

バス+徒歩15分

2 京菓子司 亀廣脇《かめひろわき》
京都市上京区浄福寺丸太町下る西入る主税町1053-2
|営業| 9〜17時。月・日・祝、その他休み

二の丸庭園

元離宮 二条城

1 元離宮 二条城

一九九四年に世界遺産に登録された。慶長八年（一六〇三年）に、徳川家康が造営。城内の江戸初期に建てられた国宝の二の丸御殿は、十五代将軍、慶喜が大政奉還の意志の表明をした舞台となったことでも有名。庭園は、特別名勝の二の丸庭園のほか、明治天皇が作らせた本丸庭園、中根金作による「清流園」がある。

二条城と聞くとお城があるように思うが、現在お城は無い。一六〇三年、徳川家康が京都の拠点として二条城を造営したとき、伏見城《ふしみじょう》から天守閣が移築されたとされる。関ヶ原の戦いから三年、徳川政権がまだ盤石ではない状況で、二条城は大番の拠点となった。しかし一七五〇年、落雷により天守閣は焼失。すでに平和な世になっていたからか再建されず、今は天守台だけが残る。

二の丸庭園は、二の丸御殿の大広間や黒書院《くろしょいん》などの謁見《えっけん》の間から眺めた時に、江戸幕府の権威がわかる豪華な作りになっている。鶴亀の島や蓬莱島《ほうらいじま》というおめでたいモチーフで徳川の繁栄を表しているという説がある。石は大名からの寄進によるもの。外様《とざま》大名達に石を準備、運搬させることで、彼らの財力を削ぐことが目的だったのだろう。また各地から運ばれたバラエティー豊かな石を使うことで庭園も華やかとなり、まさに一石二鳥。徳川家康、そして息子の秀忠もかなり

左の大きな島が蓬莱島、向い合う右の小さな島が鶴島を表わしている。

やり手だったと思われる。

一六二六年、三代将軍家光の時代に後水尾《ごみずのお》天皇の行幸に合わせて行幸《ぎょうこう》御殿が建てられ、そこから見える二の丸庭園も改修させている。二の丸御殿から眺める庭は立石が多く、縦のラインを強調した「武家風」の力強い庭。しかし行幸御殿からの庭は、幅が広く角も取れた石を使い、柔らかい曲線がメインの庭園に仕上げた。

二の丸庭園は、見る場所によって力強さと柔らかさという異なる景色が展開する二重構造の庭。政治や外交がこれだけ反映された庭も珍しく、そういった視点から眺めると二の丸庭園はなかなか味わい深い。

二の丸御殿からの武家風の庭。

行幸御殿跡から見た二の丸庭園と二の丸御殿。大規模な改修を経ながら、当時の面影を残す。

京菓子司　亀廣脇

花びら餅

バス+徒歩15分

2 京菓子司 亀廣脇

京都の老舗和菓子店「亀末廣」より暖簾分けを許され、二条城の北西に店舗を構える。「一客一亭」のもとに作られる季節の和菓子や、落雁がおすすめ。

忘れられない花びら餅がある。子供の頃毎年お正月に食べていた「きぬかけ」の花びら餅だ。この店はもう無くなってしまったが、上品な白味噌餡《あん》とやわらかいお餅の味に心踊る。お正月だけの贅沢なハレのお菓子だった。

花びら餅とは、長寿を願って固いお餅を食べた宮中行事「歯《は》固《がた》めの儀式」で用いた「菱《ひし》葩《はなびら》餅《もち》」が原型。白味噌の配合やお餅の種類は店によって違い、個性が出る。

毎年必ず買うのが亀《かめ》廣《ひろ》脇《わき》の花びら餅。昆布だしから作る白味噌餡に、柚子と山椒の風味が少し効かせてある。この白味噌餡は亀廣脇の独自のもの。でもどこか懐かしく、とても美味しい。色も形も可愛らしく、食べた時の多幸感がすごい。

毎年色々な花びら餅を買い集め食べ比べしているが、亀廣脇の花びら餅は殿堂入りしている。子供の頃のきぬかけの花びら餅の思い出と相まって、私の特別なお菓子なのだ。

洛北に蘇った雪月花の名庭で雪降る景色を眺める

妙満寺は現在岩倉の地にあり、静かな境内から比叡山を眺めることができる。大書院の前には桜園があり、春になると桜守の佐野藤右衛門さんが植えた大きな桜や、枝垂れ桜が美しく咲く。五月には山門のツツジが満開となり、秋は紅葉と、季節ごとに色とりどりの景色が楽しめる。

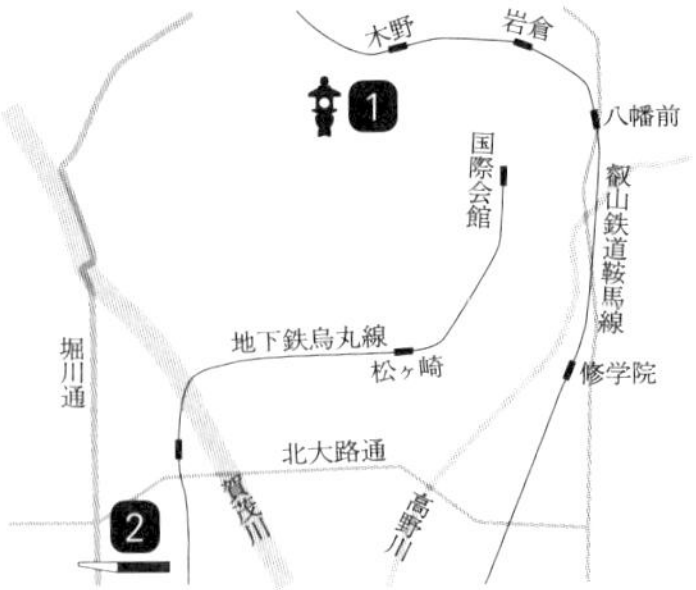

1 妙《みょう》満《まん》寺《じ》
京都市左京区岩倉幡枝町91
|拝観| 9〜16時

バス+徒歩35分

2 京菓子司 紫《むらさき》野《の》源《げん》水《すい》
京都市北区小山西大野町78-1
|営業| 10時〜17時。日・祝休み

雪の庭

妙満寺

1 妙満寺

顕本法華宗の総本山。康応元年（一三八九年）に日什（にちじゅう）上人が創建し、六条坊門室町（烏丸五条の辺り）にあったが、その後寺町二条を経て、昭和になって現在の岩倉に移転した。寺内には、能や歌舞伎の演目で知られる道成寺の安珍・清姫の伝説で知られる「安珍・清姫の鐘」が数奇な縁によって伝わっている。

妙満寺《みょうまんじ》の庭園は「雪の庭」と呼ばれ、清水寺の「月の庭」（171ページ）、北野天満宮の「花の庭」（39ページ）とともに、「雪月花《せつげつか》の庭」として知られる江戸の三名園だった。

この三つの庭園は元々、妙満寺、清水寺、北野天満宮の塔頭「成就院（坊）」にある庭園という共通点があった。しかし、明治時代に「花の庭」が失われた後、令和に再興するまで三つの庭園が揃うことがなかった。

妙満寺の庭園を作庭したのは、俳人、歌人だった松永貞徳《ていとく》（一五七一～一六五四年）と伝えられる。一六二九年（寛永六年）十一月二十五日、貞徳は妙満寺で、初の俳諧《はいかい》の会「雪の会」を催した。雪の庭を眺めながらの歌の会は、きっと雅で風流だったことだろう。

一九六八年（昭和四十三年）、妙満寺が寺町二条から現在の岩倉《いわくら》の地に移った際、成就院にあった「雪の庭」を本坊に移築された。

本坊から眺む、力強い石組の「雪の庭」。写真は晴天時の様子。

二〇二二年「雪の庭」は更に改修され、借景の比叡山と庭全体の石組がより一層映える美しい庭となった。寺町二条にあった頃から比叡山の借景が楽しめる庭だったので、比叡山と一緒に眺めることで、力強い石組や滝石組《たきいわぐみ》の魅力が伝わる。「雪の庭」と呼ばれるこの庭を、雪の積もった日に見たいとずっと願っていた。二〇二三年冬にようやく叶い、一面真っ白な庭を眺めることが出来た。すべての石組やサツキの刈込みが雪で埋まり、まるで雪深い山中に自分一人だけ存在するようだった。静けさと雪と石だけの世界。松永貞徳もこんな景色を好み、歌を詠んだのだろうか。

手水鉢の石は、豊臣秀吉時代の五条大橋の橋脚の一部。

雪で一層厳かな庭に。晴れていると比叡山がのぞく。

雪《ゆき》餅《もち》

京菓子司　紫野源水

バス＋徒歩35分

2 京菓子司 紫野源水

江戸時代に創業した老舗和菓子店「源水」の流れをくむ店は、紫の暖簾が目印。桜の花と葉の形をした目にも麗しい有平糖は、春の限定商品。

雪餅《ゆきもち》と聞いて想像するのはどんなお菓子だろうか。雪のように、食べたら口の中で溶けてしまうような、儚げで美しいお菓子…そんなイメージではないだろうか。

雪餅は冬の寒い時期に登場する和菓子。紫《むらさき》野《の》源《げん》水《すい》の雪餅は、まるで真っ白な雪が降り積もったような、繊細でふんわりとしたきんとん。一口食べると、口の中でふわっと溶ける。中には黄身餡《あん》が入っていて、まろやかな味ときんとんの調和にうっとりする。

きんとんに山芋が多く含まれるので、この食感が出せる。口当たりが柔らかくとろっとしているので気が付くともう無くなっている。幻だったのだろうか？ と思ったりする。私にとって底冷えする京都の寒い冬を乗り切るための、ご褒美スイーツだ。

紫野源水さんのお菓子はどれも美味しい。春になると登場する桜の形の有平糖《ありへいとう》もとても可愛いのでお勧め。

雪降る中に浮かび上がる砂紋の美しさを愛でる

瑞峯院は大徳寺の塔頭寺院。境内には美しい庭園で有名な大仙院や龍源院、黄梅院などがある。大徳寺周辺は精進料理や甘味処の店が多く、今宮神社の「あぶり餅」は有名。ミャーゴラのある大宮商店街は地元の人から愛される店が並ぶ。「山居」で美味しいコーヒーをいただくのも良い。

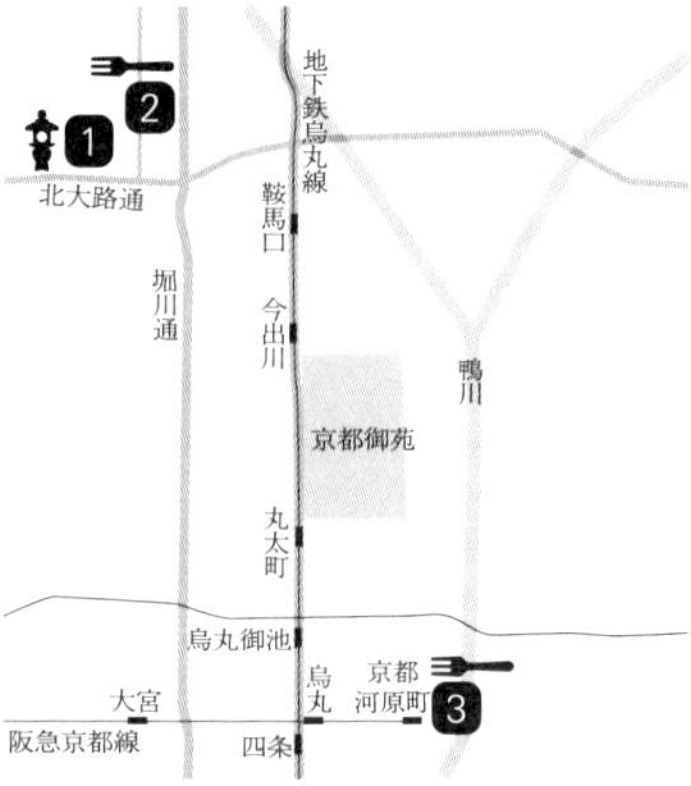

1 瑞《ずい》峯《ほう》院《いん》

京都市北区紫野大徳寺山内

|拝観| 9～17時

2 パーティスリー ミャーゴラ

京都市北区紫野上門前町 105-2

|営業| 11～17時。不定休

3 フランソア喫茶室

京都市下京区西木屋町通四条下ル船頭町 184

|営業| 10～22時

瑞峯院
独《どく》座《ざ》庭《てい》

1 瑞峯院

臨済宗大徳寺派大本山、大徳寺の塔頭。キリシタン大名であった大友宗麟の菩提寺として知られ、宗麟の法名が寺名の由来となっている。重森三玲が昭和三十六年（一九六一年）に寺名の「瑞峯」をテーマにした蓬莱山式庭園の「独座庭」および、「閑眠庭」を作庭した。

静かに見ることができる枯山水の庭園はありますか？ と聞かれたら、必ずお勧めするのが、大徳寺《だいとくじ》塔頭《たっちゅう》の瑞峯院《ずいほういん》「独《どく》座庭《ざてい》」だ。

一九六一年重森《しげもり》三玲《みれい》の作庭による枯山水の庭で、その砂紋のデザインは、重森三玲の庭園の中でもダントツの美しさを誇る。十センチ程の深さの砂紋《さもん》が、波を表現し、蓬莱山《ほうらいさん》（古代、中国の道教の思想を由来とする、不老不死の薬を持つ仙人が住む山）のある蓬莱島《ほうらいじま》の周りが荒れた海である事を演出する。全体に広がる砂紋が左にある小島に見立てた石に当たり波のデザインが変化するところは秀逸だ。

六〇年代に作られた重森三玲の庭園は、砂紋の模様が美しいものが多い。瑞峯院の北側「閑眠庭《かんみんてい》」も、七石で十字架を表し、砂紋は十字架に対して斜めに引かれる。開基《かいき》のキリシタン大名、大友宗麟《おおともそうりん》へのオマージュとしてデザインされた。東福寺塔頭の龍吟庵《りょうぎんあん》の「龍吟庭《りょうぎんてい》」は、黒雲を表す砂紋と海を

七石で十字架を表した「閑眠庭」。左は晴天時の様子。小さな庭にも重森三玲の意匠が宿る。

表す白い砂紋のコントラストが素晴らしく、立体的な景色を演出している。「独座庭」のような深い砂紋は、他の庭園ではなかなか見ることができない。京都に大雪が降った時に瑞峯院のお庭を見に行ったのだが、砂紋がすっぽり雪で覆われ、綺麗な「雪紋」の模様が出来ていた。まるで真っ白な生クリームでデコレーションしたような、美味しそうな景色だった。

禅僧の修業は荒波の中を進むようなもの。厳しい修行の果てに見える景色がこんなに美しい冬景色ならば心穏やかになることだろう。

小島に見立てた石にも雪が積もる。

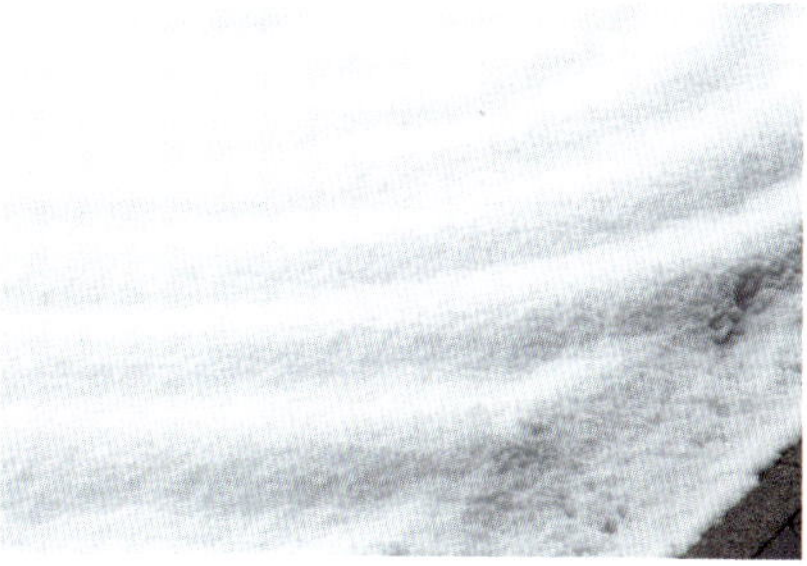

深い砂紋は、雪が降っても変わらずにその姿を浮かび上がらせる。

雪《せつ》塊《かい》

パティスリー　ミャーゴラ

徒歩10分

2 パティスリー ミャーゴラ

店名の「ミャーゴラ」は、イタリア語で猫の鳴き声を表す。甘味、酸味、苦味を大切にしたケーキは、素材の美味しさがダイレクトに伝わると人気を呼んでいる。

瑞峯院《ずいほういん》の独座庭《どくざてい》に雪が積もると美しい雪紋が出来る。少し積もった時は、俵《たわら》屋《や》吉富《よしとみ》の雲龍《うんりゅう》のような模様。たっぷり積もった時は、まるで生クリームのケーキかチーズケーキのよう。とっても美味しそうな庭になる。

大徳寺のすぐ近くにある洋菓子屋ミャーゴラさんで初めて雪塊《せっかい》を見た時、雪の独座庭がそのままケーキのようになったようだと思った。

独創的なデザインで、見た目の美しさに目を奪われる。中はマスカルポーネチーズとコニャックのマロンクリーム、そしてマロングラッセがゴロゴロ入っている。上にはホワイトチョコとバニラのガナッシュが絞られていて、食べた時のホワッとしたクリームのバランスと栗の食感に驚く。

願わくば、雪がたっぷり積もった独座庭を眺めながら、このケーキを食べてみたい。ミャーゴラさんのケーキは芸術作品だと思う。味はもちろん、その造形の美しさにいつも感動する。

フランソア喫茶室

レアチーズケーキ

バス＋徒歩40分

3 フランソア喫茶室

長年多くの京都人に愛されてきた名店。異国情緒漂う店内は一歩足を踏み入れると、時を忘れそうになる。軽食とスイーツセットのほか、洋酒も注文できる。

四条通から西木屋町通《にしきやまちどおり》の細い道を下がると、白い外観に可愛い看板の店が見つかる。フランソア喫茶室の歴史は深く一九三四年（昭和九年）に開店。オーナーの立野《たての》正一《しょういち》は、社会主義運動家で、誰もが自由に文化や芸術、思想について語る場としてこの喫茶室を開いた。店名は「落穂拾い」の画家ジャン＝フランソア・ミレーから。

一九四一年（昭和十六年）には北側の町家を買い取り、イタリア人のアレッサンドロ・ベンチヴェンニと共に、イタリアの豪華客船のホールの様なイタリアンバロック調に改装する。ステンドグラスは画家の高木四郎がデザインした。

京都のレトロ喫茶でここが一番好きだ。クラシック音楽を聴きながら、手作りのレアチーズケーキとロイヤルミルクティーをいただく。レアチーズケーキはさっぱりとして美味しい。在《あ》りし日の、芸術家達が集い議論を交わす景色を想像するのもまた楽しい。

梅花早春
いにしえの都
平安京と
幻の庭を偲ぶ

北野天満宮は学問の神として知られる菅原道真を祀る神社で、梅の名所としても有名。毎月二十五日には天神市が開かれ、多くの屋台が並び賑わう。北野天満宮の東側には上七軒という京都最古の花街があり、街並みに風情を残す。老松も上七軒通にあり、散策するのが楽しい。

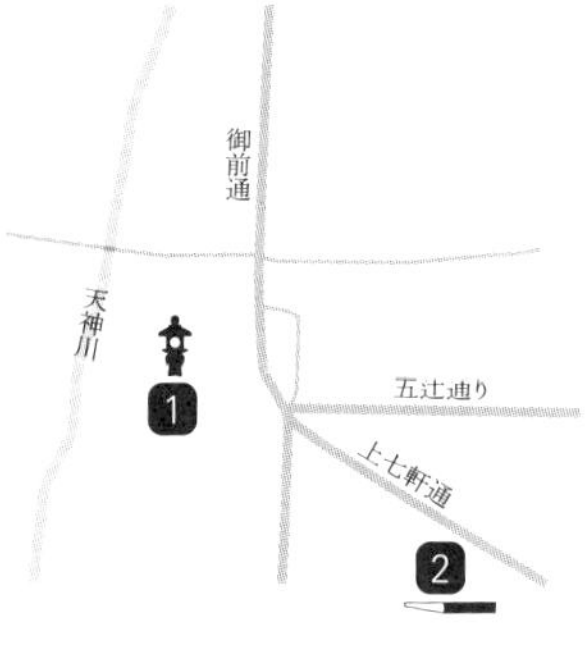

1 北《きた》野《の》天《てん》満《まん》宮《ぐう》

京都市上京区馬喰町

|拝観| 1月下旬～3月中旬

徒歩3分

2 有職菓子御調進所 老《おい》松《まつ》

京都市上京区社家長屋町675-2

|営業| 9～17時。不定休

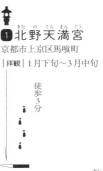

花の庭

北野天満宮

1 北野天満宮

学問の神、菅原道真公を祀る、全国一万二千社の天満宮・天神社の総本山。北野の地は、平安京の天門（北西）にあたる要所であり、天歴元年（九四七年）に創建された。梅と紅葉の名所として知られ、豊臣秀吉公によって建てられた国宝の御本殿等も見所。道真公と梅の関わりは深く、大宰府に

俳人、歌人であった松永貞徳《ていとく》（一五七一～一六五四）が名付けた、または作庭したと伝えられる「雪《せつ》月《げっ》花《か》の庭」（39、171ページ）のひとつ「花の庭」。

北野天満宮にあった成就院《じょうじゅういん》の名園として知られていたが、明治時代に成就院が廃寺となり、その時に花の庭も無くなった。資料も絵図も何も残っておらず、どんな庭なのか全く分からなかったが、二〇二二年に北野天満宮の梅園の庭が整えられ、新たな「花の庭」としてその名前が復活した。

作庭したのは、創業一八六四年（元治元年）の樋口造園。六代目の樋口隆三氏は、石の使い方が巧みで素晴らしい庭師さ

境内では、御神木「飛梅」をはじめ五十種の梅が千五百本植えられている。

左遷の際、平安京での住居「紅梅殿」の梅との別れを惜しんだ和歌が有名。

美しい石がふんだんに使われている「花の庭」。

んだ。霊鑑寺《れいかんじ》（47ページ）の庭園の修復や石垣なども樋口氏によるもの。二〇一五年京都市伝統産業技術功労者、造園部門で「京の匠」に選ばれている。花の庭を歩いていると、大きな石を組んだ滝や池、川が次々と登場する。その石の組み方の豪快さと繊細さ、そして様々な大石が上品にまとまっていて、本当に良いお庭だなぁと実感する。こういった石達が、赤、ピンク、白の可憐な梅の花を引き立てている。「花の庭」という名前を冠しているのは、素晴らしい庭師が作った美しいお庭があるからなのだ。

樋口氏は、作庭されたお庭にご自身で名前を付けられない。不思議に思いお聞きしてみた。すると、「私のような者が自ら庭に名前を付けるなどおこがましいです。ただ皆さんが見て、美しい、と感じる庭を作れれば嬉しいです」と仰った。

京都の庭園は、こういった庭師さん達によって支えられているのだ。

新設された展望台からの眺め。「花の庭」の公開は一月下旬〜三月中旬。

此《この》花《はな》

有職菓子御調進所　老松

徒歩3分

2 有職菓子御調進所　老松

明治創業。北野店は北野天満宮の東門を出たところにある。北野天満宮の春の「花の庭」、秋の「もみじ苑」公開時期は、苑内の茶店で当店の菓子がいただける。

老松《おいまつ》は一九〇八年（明治四十一年）創業。北野天満宮の東側近く、京都で最も古い歴史をもつ花街の上七軒《かみしちけん》にある。

当主の家系は、平安時代の宮廷祭祀官の流れを汲んでいて、朝廷に古来より伝わる有職故実《ゆうそくこじつ》に基づく儀式で使われるお菓子を代々作ってこられた。「老松」の名前は、菅原道真の家臣、島田忠臣《ただおみ》を祀る北野天満宮の第一摂社「老松社」から来ている。

春のお菓子「此花《このはな》」は、ピンクと白のきんとんで、北野天満宮の紅白の梅を表している。「花の庭」の華やかで穏やかな初春の景色を、ギュッと閉じ込めたようだ。その可愛らしさは上七軒の舞妓さんを思い起こさせる。梅の花が咲き、春が来た喜びを、可愛いお菓子を食べて感じることが出来る幸せ。道真さんにも教えてあげたい。

東風《こち》吹かば匂ひおこせよ梅の花
あるじなしとて春な忘れそ
（作者　菅原道真）

後水尾天皇も愛でた唐子咲の椿をたずねる

霊鑑寺の近くには、琵琶湖疏水が流れる「哲学の道」があり、桜や紅葉などの四季折々の景色が楽しめる。また銀閣寺、法然院、安養寺などの寺院もすぐ近くにある。静かな鹿ケ谷エリアで、素敵なカフェや和菓子の名店も多いので、ゆっくりと歩いて散策するのがお勧め。

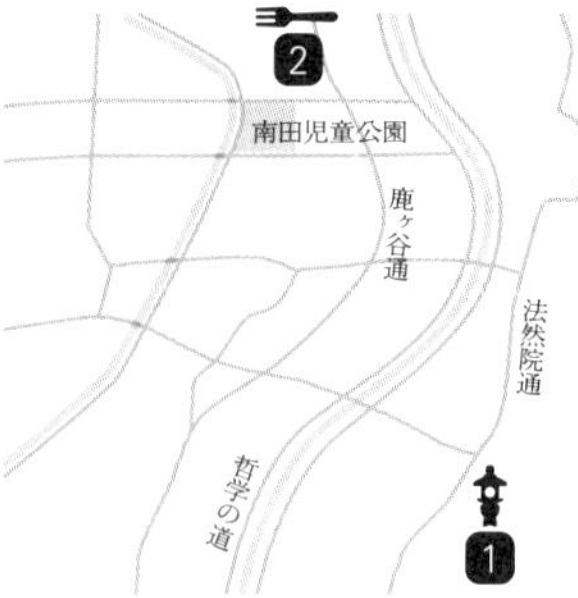

1 霊《れい》鑑《かん》寺《じ》
京都市左京区鹿ヶ谷御所ノ段町12
|拝観|＊春と秋の特別拝観のみ

徒歩7分

2 酒菓喫茶 かしはて
京都市左京区浄土寺上南田町37-1
|営業|12〜17時。水曜ほか休み

霊鑑寺 庭園

1 霊鑑寺

臨済宗南禅寺派の門跡寺院。歴代皇女が住職を務めたことから、「谷の御所」とも呼ばれた。庭園には後水尾天皇が好んだという日光椿（京都市指定天然記念物）をはじめ、開花時期が異なるため時期によってさまざまに楽しめる百種類以上の椿が植えられている。庭の公開期間は、十一代将軍・

霊鑑寺《れいかんじ》は一六五四年（承応三年）、後水尾《ごみずのお》天皇の皇女、多利《たりの》宮《みや》を開基《かいき》として創建され、代々皇女が住職を務める尼門跡寺《あまもんぜきじ》院《いん》だった。後水尾天皇が椿好きだったことから椿の木が沢山植えられる「椿の寺」として知られている。

通常は非公開だが、椿が咲く三〜四月の頃と、紅葉の時期に特別公開がある。庭園に咲く色とりどりの椿の花を見ると、京都にやっと春が来たと嬉しくなる。

日光椿《じっこうつばき》と月光椿《がっこうつばき》は特に素晴らしく、薬師如来《やくしにょらい》の脇侍《わきじ》の日光菩薩と月光菩薩の名に相応しい秀麗な花をつける。

他に黄色の花が珍しい「金花茶」や、小堀遠州《こぼりえんしゅう》が名付けたと言われる「おそらく椿」もある。「椿の中で一番美しい椿はどれか？」と尋ねられた遠州は「おそらくこの椿」と言ったことからその名が付く。オリジナルの木は伏見区の御香宮《ごこうのみや》神社にある。

庭園は江戸時代中期に作られた。今は枯山水《かれさんすい》庭園だが、当

徳川家斉が寄進した本堂も公開している。

入口では椿を浮かべた手水鉢「花手水」が、来場者を迎える。

時は山から水を取り入れた池泉《ちせん》の庭だった。小さな滝が流れていたことが枯滝石組《かれたきいわぐみ》からわかる。背景の石垣が山の稜線と重なって延び、上品な景色を作っている。

中央に据えられた「般若寺《はんにゃじ》型灯籠」は江戸時代のもの。よく見ると火袋に鳳凰《ほうおう》の姿が彫られていて、雅《みやび》な雰囲気を持つこの場所にとても合っている。

庭の改修は、北野天満宮の「花の庭」（39ページ）も手掛けた樋口造園の樋口隆三氏によるもの。氏が手掛けた斜面の石段や石垣の力強さ（51ページ写真後方）も素晴らしいので、椿と一緒にぜひ眺めて欲しい。

後水尾天皇が好んだ唐子咲の日光椿。月光椿は中央の「花弁」が白いのが特徴。

椿は万葉集の時代から親しまれてきた。舞鶴（上）。ローゼフローラ（下）。

元は池泉だった庭園。中央にあるのが江戸時代の般若寺型灯籠。

酒菓喫茶 かしはて

朝菓子の会

徒歩7分

2 酒菓喫茶 かしはて

「哲学の道」のそばにあり、アンティーク家具が並ぶセンスの良い雰囲気の中でいただくスイーツは絶品。お茶やコーヒー以外に洋酒もオーダーできる。

かしはてさんの名前の由来は、神社で神様に手を打つ「柏手《かしわで》」と、古代の朝廷で食事を作る係《かか》りの「膳夫《かしわで》」から来ている。いにしえから行われてきた食べることへの感謝や喜びを共感したい、という店主の想いから名付けられている。

「efish」や「&noma」という京都の名店で働いておられた店主のめぐみさんによるお菓子は、季節のフルーツがふんだん使われ、優しく、美味しく、そして美しい。

「朝菓子の会」（要予約）は、朝10時からいただけるお菓子のコース。最後に出てくる銀閣寺の枯山水《かれさんすい》庭園をイメージしたお菓子がとても可愛い。

向月台《こうげつだい》はフィナンシェ、石はローマジパンと竹炭チョコレート、そしてチョコレートテリーヌに抹茶で苔のように見せている。白砂は砂紋が引きやすいよう数種類の砂糖を混ぜたもの。食べるのがもったいないので、暫く眺めてしまう。砂紋引きも付いてくるので、砂紋を引いて楽しむのも良い。

春爛漫
京の奥座敷で
桜の名所に
くつろぐ

白龍園は二ノ瀬の静かな山間にある庭園。横には鞍馬川が流れ、苔が育つ環境に恵まれている。四季折々の景観が楽しめ、春の桜や秋の紅葉が見事。周辺には鞍馬寺や貴船神社があり、貴船神社奥宮は車で十分ほど。夏には美しい渓流を眺めながらご飯を食べられる川床が出る。

1 白龍園《はくりゅうえん》

京都市左京区左京区鞍馬二ノ瀬町106

|観覧|＊春と秋の特別公開のみ

電車＋バス＋徒歩40分

2 兵衛《ひょうえ》Café

京都市京都市左京区鞍馬貴船町101

|営業|11〜16時。不定休

白龍園
庭園

1 白龍園

安養山ともつつじ山とも言われる、鞍馬の山を昭和三十七年（一九六二年）より青野株式会社の創業者、青野正一が整地し、原型を完成させた後、社員家族、地元の人々らが作り上げた稀有な庭園。広大な敷地には、山の御祭神を祀る祠や鳥居や、園内を見渡せる東屋が建てられている。二〇十

白龍園《はくりゅうえん》の庭に通い始めて十年経った。

京都のレストランで偶然チラシを見つけ、その美しい庭の写真に一目惚れし、週末に叡山《えいざん》電鉄に飛び乗って二ノ瀬に向かった。

庭園は想像以上の美しさで、鮮やかな緑の苔が広がっていた。大きな楓が枝を広げ、清涼な水の流れと、心地よい空気が流れていた。そして毎季節に通うようになった。

春は、枝垂《しだ》れ桜やソメイヨシノが咲き誇り、ミツバツツジの花も満開になる。借景の二ノ瀬の山には山桜が咲き、すべてがピンクの世界になる。これこそが桃源郷（桜源郷かもしれない）の景色なんだろう。桜の花びらが風で舞って、苔の上に落ちる景色は、それはそれは美しい。

海外のお客様を白龍園にお連れすることも増えた。この場所こそが、私の思う「理想的な日本庭園の原風景」だからだ。

日本庭園は、自然の景色を凝縮し、なるべくシンプルに簡素

二年から春と秋に限定公開している。

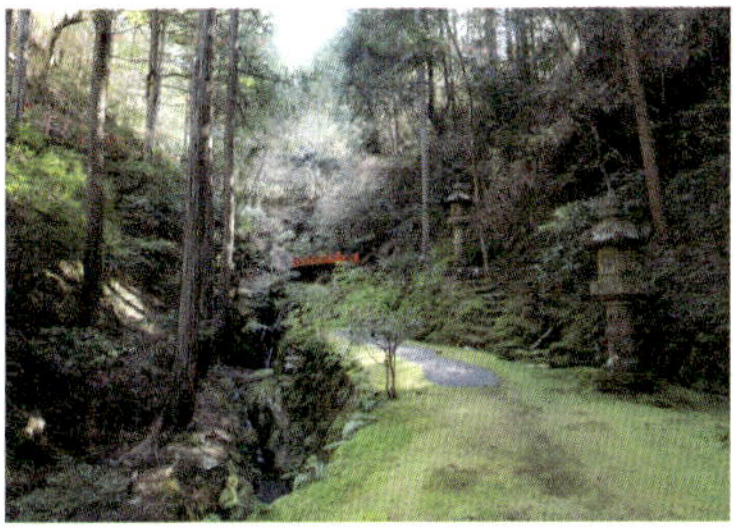

白龍神社の奥に広がる神秘的な景色。

化していったものだと思う。「市中《しちゅう》の山居《さんきょ》」であっても自然を感じられる庭が理想だと思う。白龍園にはそんな日本の自然、山水、樹々や苔の美しさが詰まっていて、この景色をどうやって庭に落とし込もうかと考えてしまう。

白龍園にしばらく訪れる事が出来ないと、落ち着かない。「自然に呼ばれる。」というのはこういうことかと思う。今ではすっかり私の休息場だ。

友人のイギリス人は白龍園で彼女にプロポーズし、見事ゴールインした。みんなが幸せな気持ちになれる、白龍園にはそんな空気が流れている。

カンアオイの形に切り抜かれた東屋の窓。

東屋の清風亭。ここからの眺めも格別。

石段をのぼった上からの眺め。右の東屋は鶯亭。左の七重塔は、青野正一氏遺愛のもの。

兵衛Café

季節のフルーツと酒かす最中

電車＋バス＋
徒歩40分

2 兵衛Café

貴船川沿いにあるカフェ。五～九月末の期間は川床が開かれ、涼を楽しめる。川床カフェの料金はプラス五百五十円で三十分時間制限あり。

貴船の川床《かわどこ》は、京都の夏の風物詩だ。貴船川の上に設けられた床の上で、お食事をいただく。川床の上はどんな猛暑日でもひんやりと涼しい。

よく川床と床《ゆか》の違いを聞かれるが、京都の人は貴船を「川床」、鴨川を「床」と呼んで区別する。「床に行かない？」とは、鴨川沿いのお店のこと。

奥貴船兵衛さんは、貴船の一番奥にある料理旅館。清流が美しく、夏に川床でいただく会席料理はとても美味しい。二〇一三年から始められたカフェは普段は店内で、五～九月は川床でコーヒーや紅茶、抹茶ラテなどいただける。お勧めは「季節のフルーツと酒かす最中」。酒かす味のクリームと粒あん、そしてフルーツの合わせ方がちょうど良く、パリパリした最中と一緒にいただく。楓の木漏れ日の中、川のせせらぎを聞きながら食べると、幸せな気持ちになる。帰りに貴船神社や貴船神社奥宮を参拝し、美しい桂《かつら》の木を見るのもお勧め。

嵐山の山桜と桂川に架かる渡月橋。
嵐山は平安時代より景勝地として数多くの貴族の別荘が造られた。

春の京都散策

桜と鴨川・嵐山周辺

春の京都の川べりは楽しい。鴨川の賀茂街道の桜の並木道を歩くと、白、ピンク、濃いピンクの様々な桜が次々と現れ、華やかな色彩に溢れる。

朗らかに歩く人、楽しそうにピクニックをする人、ボンヤリ佇む人…みんなどこか楽しそうだ。この穏やかな光景を眺めな

春は桜並木に彩られる、桂川の川べりの道。
名刹が多いこの地域では三月下旬から四月下旬までの長い期間、桜がたのしめる。

嵐山の桜並木

がら鴨川べりを歩くとますます春が楽しくなる。比叡山も、上から楽しそうに眺めているように見えた。

嵐山の山桜と山の風景も、心に残る春の景色のひとつだ。京都は枝垂れ桜の名所が沢山あって美しいが、私は山の雑木に混ざってフンワリ咲く山桜がとても好きだ。東山魁夷《かいい》の絵画のように柔らかい薄紅色の山桜と山並みを、いつまでも見ていたいと思う。

また、この時期は近くにある天龍寺の「百花苑」の春の花が咲く様子も美しい。

左は隠岐石楠花（オキシャクナゲ）、右は赤花蝋梅（アカバナロウバイ）。春はさまざまな花が見頃となる。

天龍寺「百花苑」

天龍寺
京都市右京区嵯峨天龍寺芒ノ馬場町68
［参拝］8時30分～17時

渡月橋《とげつきょう》から徒歩10分位のところにある鶴屋《つるや》寿《ことぶき》さんで「さ久《く》ら餅」を買って、桂川《かつらがわ》の川べりで景色を眺めながら食べる。こんな時、京都に住んでいて良かったなぁと思う。

嵐山の春に賑わいを添える「百花苑」では四季折々の花に出合える。写真は白藤。

桜餅専門店の鶴屋寿の「嵐山さ久ら餅」（箱は無料のサービス箱）をお土産に。桜の香りが花見の余韻を誘う。

鶴屋寿「さ久ら餅」

鶴屋寿さんの桜餅は、白い道明寺のお餅に中はこし餡、そして桜の葉二枚でお餅を包み込んでいる。食べる時に桜の香りがフワッとして、香りと味の両方を楽しめる。鶴屋寿さんのお店で化粧箱（有料）入りを購入すると、山本紅《こう》雲《うん》画伯が描いた桜の絵の掛け紙に包んでもらえる。木版手刷りの和紙が美しく、いつも捨てずに大切に取っておく。

晴れやかな桜の景色に、美味しい桜餅…。京都の春は、私達を楽しませるのが上手だ。

御菓子司 鶴屋寿
京都市右京区嵯峨天龍寺車道町30
［営業］9～17時。無休

青葉繁る季節に
あらわれた
真っ赤なツツジに
魅せられる

叡山電鉄一乗寺駅の周辺は、素敵なカフェやコーヒーショップ、美味しいパン屋、本屋、雑貨店など沢山ある。この辺りを散策するのはとても楽しい。ラーメン激戦区でも有名。一乗寺駅から曼殊院門跡までは徒歩三十分程かかるので、先に食べておくと良い運動に。

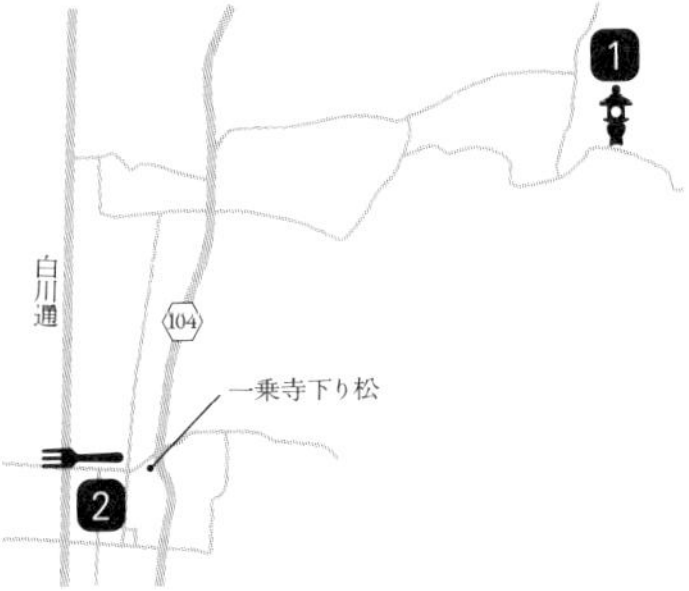

1 曼《まん》殊《しゅ》院《いん》
京都市左京区一乗寺竹ノ内町42
|拝観| 9〜17時

徒歩18分

2 パティスリー タンドレス
京都市左京区一乗寺花ノ木町21-3
|営業| 11〜18時(イートイン13時〜)。
火〜金曜休み

曼殊院 書院庭園

1 曼殊院

天台宗の門跡寺院。延暦年間（七二八～八〇六年）に最澄により比叡の地に創建。現在の地に造営したのは、八条宮智仁親王の第二皇子、良尚入道親王の時で、桂離宮を完成させた、兄の智忠親王の助言によるものや共通の意匠から「小さな桂離宮」と言われている。大書院、小書院、八窓軒茶室・

静かにゆっくりと庭園を眺めたい時は、曼殊院《まんしゅいん》に行く。曼殊院は京都一乗寺《いちじょうじ》の山中にある門跡寺院《もんぜきじいん》。鶴亀を表す枯山水庭園が広がり、四月には霧島《きりしま》ツツジの真っ赤な花が咲いて、華やかな景色を楽しめる。

曼殊院は天台宗の宗祖、最澄《さいちょう》が比叡山に建てた道場がはじまり。その後北野天満宮の管理のため北山、また御所の北へ場所を移したが、明暦二年（一六五六年）に八条宮智仁親王《はちじょうのみやとしひとしんのう》の第二皇子、良尚法親王《りょうしょうほうしんのう》が住職となり、現在の地に新たに曼殊院を造営した。八条宮智仁《としひと》親王は、後陽成《ごようぜい》天皇（戦国時代から江戸時代の天皇）の弟であり、桂離宮を造営した人物。そして良尚《りょうしょう》法親王の兄は桂離宮を完成させた人。エリートかつ芸術一家に生まれ育った良尚法親王は、曼殊院の造営に際してその美意識の高さを発揮し、建築や庭園は彼好みのスタイルになっている。自ら小書院の「曼殊院棚《まんしゅいんだな》」や「富士の間」などをデザインした。大書院の「卍崩《まんじくずし》の欄間《らんま》」は、桂離宮と

庫裏は重文。紅葉の名勝としても知られる書院庭園は国指定名勝。

宸殿前「盲亀浮木之庭（もうきふぼくの庭）」。二〇二三年に作庭された。

同じ職人によって作られたと言われる。

鶴亀の庭園は、苔地と石で亀、樹齢四百年の大きな五葉松《ごようまつ》が鶴を表す。かつて鶴が両羽を大きく広げた姿だったが、昭和九年室戸《むろと》台風で片方の枝が折れてしまったので、今は片翼のみ。

また小書院の建物全体が舟を表し、庭の向こう側に広がる蓬莱《ほうらい》の世界に、舟で向かうというコンセプト。欄干《らんかん》から庭を眺めると、理想郷へ向けて舟が大海に漕ぎ出すという躍動感を感じる。さざなみの音まで聞こえるようだ。

江戸時代の華やかな公家文化を彷彿とさせる、素晴らしい庭園だ。

新緑の季節は、真っ赤な霧島ツツジが見頃になる。

小書院からの眺め。手前が亀島。奥の鶴島には、鶴に見立てた五葉松が植えられている。

パティスリー タンドレス

ファンテジー

徒歩18分

2 パティスリー タンドレス

週三日のみ営業している店舗では、週替わりで入れ替わるケーキをたのしむことができ、リピートするファンも多い。午後一時からはイートインも可能。

「フランス菓子」という響きは、なんと甘美で魅惑的なことか。味の複雑さ、様々な食感、手が込んだケーキひとつひとつに、パティシエの技術やセンスのすべてが詰まっている。

京都のフランス菓子の名店タンドレスのきっちりと丁寧に作られたケーキは、どれを食べても味に工夫があり、食べた時にフワッと華やかな風味が広がる。

写真のケーキは四月末に登場する「ファンテジー」。ライチとピスターシュヌガー、ハチミツのバタームースとフランボワーズのジュレが組み合わさっている。そこにフランボワーズのジュレの食感と香りがアクセントとなって、とても爽やか。色々な味と香りが計算されている。タンドレスのケーキは食材の香りや使い方がいつも新鮮で、驚きがある。食感もフワリとしたり、パリッとしたり、ひと口ひと口に愉しさを感じる。ああ、なんて幸せな時間だろう、と思わせてくれるケーキなのだ。

平安貴族のかつての別荘地で極楽浄土に思いをはせる

宇治は平安時代、貴族の別荘地として栄え、文化の中心だった。また風光明媚な景勝地としても知られた。紫式部の「源氏物語」は五十四帖ある中、最後の十帖が宇治を舞台としている。平安貴族の恋模様や心情を描くことに最適な場所だったのだろう。

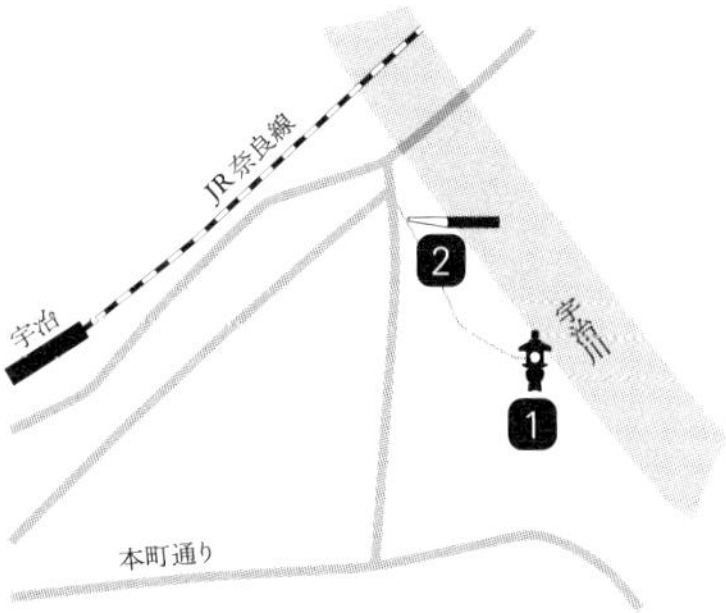

1 平等院《びょうどういん》
宇治市宇治蓮華116
|拝観| 9〜17時30分（17時15分受付終了）

徒歩1分

2 能登掾《のとのじょう》 稲《いな》房《ふさ》安《やす》兼《かね》
宇治市宇治蓮華11
|営業| 9〜17時。木曜、第3水曜休み

平等院庭園

平等院

1 平等院

永承七年（一〇五二）、藤原道長の子、関白・頼通が父より譲り受けた別荘を仏寺に改め創建。翌年、建立された阿弥陀堂（江戸時代より鳳凰堂と呼ばれるようになった）は、藤原氏の栄華を伝える唯一の遺構であり、国宝および世界遺産。堂内の仏師・定朝作の阿弥陀如来像、壁画は梵鐘とともに国

平等院《びょうどういん》は、平安時代の貴族が夢見た、理想の極楽浄土の世界を表している。

鳳凰堂《ほうおうどう》の阿弥陀如来は西方浄土の仏様で、目の前に広がる池が結界となり、鳳凰堂側が「彼岸《ひがん》」、こちら側が「此岸《しがん》」になる。極楽浄土を表した庭なので「浄土式《じょうどしき》」庭園。

藤原道長の別荘「宇治殿《うじどの》」だったものを、息子の藤原頼通《よりみち》が寺院に改め、翌天喜元年（一〇五三年）に阿弥陀堂（現在の鳳凰堂）を建立した。なぜ寺院になったかと言うと、当時貴族の間で流行った「末法《まっぽう》思想」という考え方が影響している。

末法思想とは、仏の入滅の二〇〇〇年以降、仏法や仏の加

藤は四月中旬から五月初旬が見頃となる。

宝。平安時代に完成した最古の浄土式庭園は国の史跡・名勝。

二つの橋の向こう側は極楽浄土の世界。

護が次第に廃れ、世の中が乱れる、という考え方。貴族達は世の中や未来を悲観し、極楽往生を求めて寺院を建立。そして極楽浄土を表す庭園を作った。一〇五二年が末法元年なので、頼通は必死に現世の極楽浄土を作ったのかもしれない。

実は鳳凰堂の建物は、見た目重視のあまり実用性のない構造。翼廊《よくろう》の上部は人が立てない高さで、中心の中堂とは繋がっていない。これは頼通が自分の死後、極楽浄土に行けることを祈って建てたものなので、機能性は必要なかった。そんな建物が一度も焼けることなく、約千年も残ったのは奇跡だ。

四月中旬頃から「砂ずりの藤」と呼ばれる見事な藤の花が咲く。樹齢約三百年と言われ、長い花は一m以上にもなる。藤の花の間から鳳凰堂を覗き込むと、そこはまさしく極楽浄土の世界。

「極楽いぶかしくば、宇治の御寺をうやまへ」。極楽の世界を現世で体験出来るとは、なんて素晴らしい景色だろうか。

これが本歌（オリジナル）となる平等院灯籠。

藤は藤原氏縁の家紋にもなっている。

極楽浄土を模した阿字池の中島に建つ、翼を広げた鳥のような「鳳凰堂」。屋根には一対の鳳凰像も見える。

茶団子

能登掾 稲房安兼

徒歩1分

2 能登掾 稲房安兼

平等院表参道の中程にあり、創業は享保二年(一七一七年)。店名の掾(じょう)は、江戸時代の書記官の位で、嘉永六年に御室御所(仁和寺)に使用を許された。

鎌倉時代、栄西《えいさい》が中国からお茶の種を持ち帰り、栂尾《とがのお》高山寺の明恵《みょうえ》が宇治に植えたことから、宇治茶の歴史が始まる。

室町時代には、足利義満の命により大内義弘が茶を植えて、七つの優れた茶園が生まれた。江戸時代には徳川将軍にお茶を献上する「お茶壺道中」も行われた。

平等院の周りは宇治茶スイーツのメッカ。沢山の店が並ぶ中、私が宇治で必ず買うのが稲房安兼《いなふさやすかね》さんの茶団子。お茶の味がしっかり濃厚で甘すぎない。串に刺さっていない丸いお団子が、箱の中にキュッと詰まっている姿も可愛い。ひとつひとつが小さいのでパクパクと食べてしまう。美味しい宇治茶と一緒に食べると、美味しさが益々際立つ。

明恵がこの地にお茶を植えたのは、宇治が暖かくて日当たりもよく、宇治川の肥沃な土壌と川からの霧がお茶の栽培に適していたから。宇治の抹茶スイーツが食べられるのは、明恵さんのお陰なのだ。

美しい青苔に彩られた石組の仕掛けを堪能する

光明院は東福寺塔頭のひとつ。すぐ近くの東福寺本坊庭園も重森三玲の作で、秋は紅葉の名所として賑わう。泉涌寺や伏見稲荷神社も徒歩圏内で、京都らしい風情のあるエリア。聚洸は静かな西陣エリアにあり、妙覚寺や大徳寺が近い。鶴屋吉信や俵屋吉富もご近所の、和菓子黄金地帯。

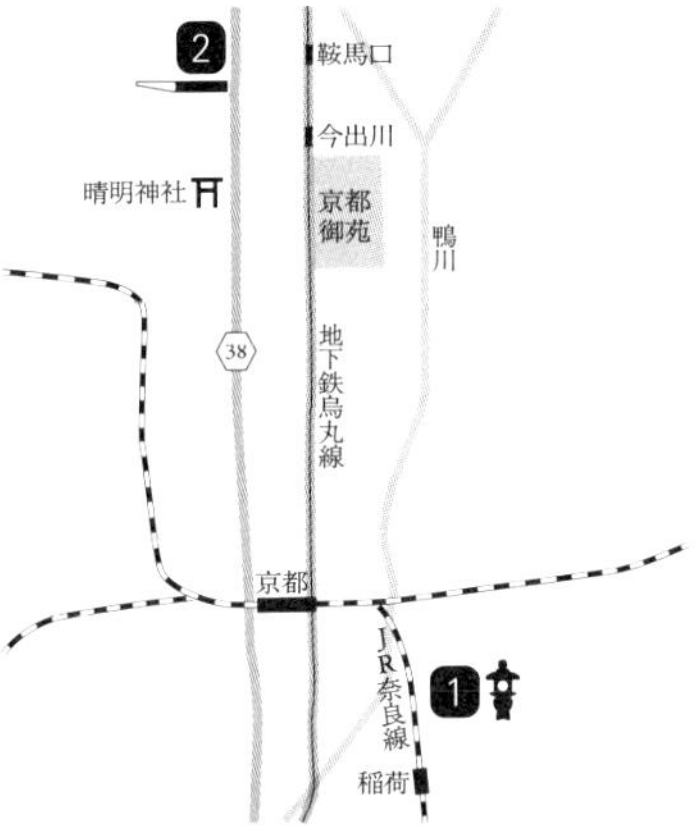

1 光明院《こうみょういん》
京都市東山区本町15丁目809
|拝観| 7時〜日没頃

電車+徒歩1時間

2 御菓子司 聚洸《じゅこう》
京都市上京区大宮通鞍馬口下る筋違橋町548
|営業| 10〜17時。水、日曜休み

光明院

波《は》心《しん》庭《てい》

1 光明院

東福寺塔頭。室町時代初期に創建。境内の主庭「波心庭」は国指定名勝で、東福寺の方丈庭園とともに昭和十四年(一九三九年)に昭和を代表する作庭家、重森三玲によって作られた(山門すぐの前庭「雲嶺庭」も重森三玲作)。寺名の光明にちなんだ庭によって、「虹の苔寺」とも呼ばれている。

光明院《こうみょういん》の歴史は古く、室町時代の一三九一年(明徳二年)、金山明昶《きんざんみんしょう》によって創建された。庭園「波心庭《はしんてい》」は、一九三九年(昭和十四年)、重森三玲の作。波心とは禅語から来ている。

「雲は嶺上《れいじょう》に生ずることなく、月は波心に落つること有り
(無雲生嶺上　有月落波心)」

あなたに煩悩(雲)が無ければ、仏の心(月)はあなたの心に映りますよ、といった意味。庭には三尊石《さんぞんせき》(仏像の三尊仏を表した石で、中央の中尊石と左右の脇侍石から成る)が三組据えられ、どの場所にいても必ず仏様の石を見ることが出来る。

サツキやツツジの大刈込みは雲紋がデザインされ、雲を表現している。その上にひっそり建つ茶室「蘿月庵《らげつあん》」(非公開)は月を表している。月がサツキの雲の上に現れると、月の光が三尊石の仏様を照らし、仏様から光明が差す様子を庭の石たちで表現している。石の形やバランス、それぞれの距離間も熟考して据えられていて、見るたびに感嘆する。ダイナミ

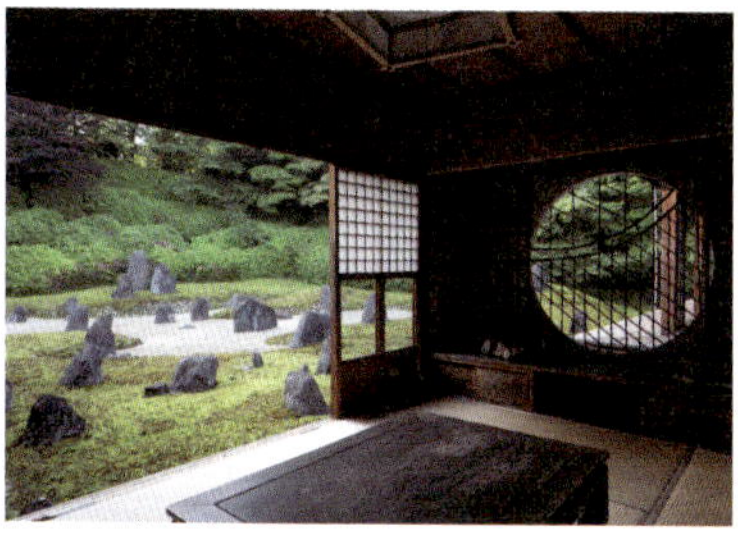
吉野窓から眺める景色も美しい。

ックなのに、とても繊細な庭だ。

重森三玲が作った名庭園は多いが、私はここの庭が特に好きだ。

座って静かに庭を眺めていると、風の音や鳥の鳴き声が聞こえ、平和で穏やかな時間が流れていく。サツキの花が咲く頃に訪れると、雲紋にピンクの花が咲き、可愛くて柔らかな景色になる。一度サツキの木がすべてダメになったそうだが、前ご住職が私費を投じて植え替えられた。そのお陰で今も素晴らしい景色を見ることが出来る。

庭は誰かの想いが受け継がれ、さらに美しくなるのだろう。

重森三玲が建てた茶室「轟月庵」(通常非公開)。月を表した円が描かれている。

高台からの眺め。苔で陸地、白砂で海を表した枯山水の庭。

御菓子司　聚洸

岩《いわ》根《ね》つつじ

電車＋徒歩1時間

2 御菓子司 聚洸

西陣の名店「塩芳軒」から独立した店主が作る、美しい季節の生菓子が人気を呼んでいる。販売は基本予約制になっているため、電話での予約注文がお勧め。

聚洸《じゅこう》さんの五月の生菓子「岩根《いわね》つつじ」のお菓子を初めて見た時、「これは光明院《こうみょういん》の庭だ」と思った。

緑の中からパッと明るく咲く花。その表現がなんとも愛らしく、自分が大好きな波心庭《はしんてい》の景色を呼び起こした。お菓子と景色がリンクする瞬間。私が和菓子を好きな一番の理由は、四季を大切にした表現があるからだ。

聚洸さんの岩根つつじには薯蕷《じょうよ》（山芋）がたっぷり入っているので、ふんわりとした食感が生まれる。そして上品な甘さの粒あん。唯一無二の美味しさで、多幸感に包まれる。

聚洸さんは、京都の老舗和菓子店の「塩芳軒《しおよしけん》」の息子さんで、わらび餅で有名な名古屋の「芳光《よしみつ》」でも修行された。その確かな腕と芸術的センスが、聚洸さんでしかいただけないお菓子を作り出す。手鞠のように美しいきんとんは、小田巻《おだまき》という道具を使ってクルクルと絞って作られる。季節によって色が変わるので、季節毎に訪れるのも楽しみのひとつだ。

儚い一日花
〝沙羅双樹の花〟から日本人の無常観を思いやる

東林院は妙心寺塔頭のひとつで、沙羅の花が咲く寺院として有名。同じ妙心寺塔頭の退蔵院や桂春院が周辺にあり、境内で庭園巡りが楽しめる。仁和寺や龍安寺、等持院も徒歩圏内なので、一日のんびり散策するのも良い。嵐電（京福電鉄）に乗って、北野天満宮に立ち寄るのもお勧め。

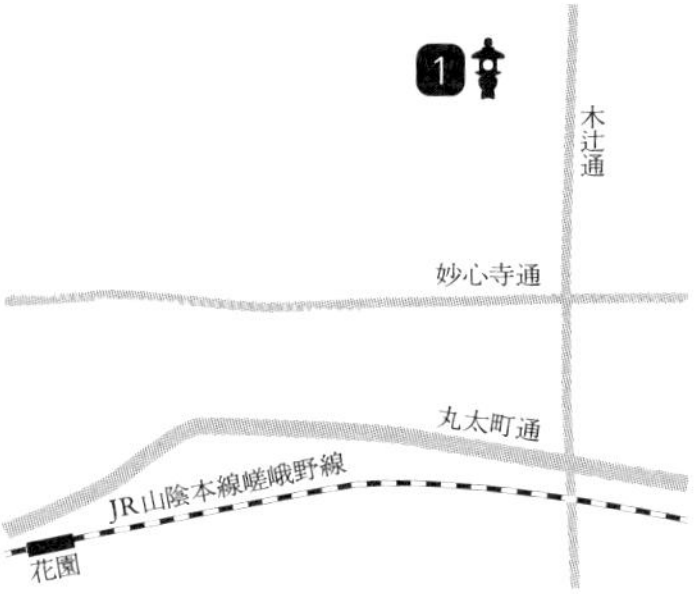

1 東林院《とうりんいん》
京都市右京区花園妙心寺町59
｜拝観｜歳時に合わせて公開

東林院

沙《さ》羅《ら》林《りん》の庭

1 東林院

妙心寺塔頭。享禄四年（一五三一年）に、室町幕府最後の管領だった細川氏綱が養父、高国の菩提を弔うために邸内に創建した三友院が始まり。弘治二年（一五五六年）に高国の外孫、山名豊国が妙心寺内に再建し、東林院と改めた。沙羅双樹の寺として知られ、毎年六月に「沙羅の花を愛でる会」が開かれている。

妙心寺《みょうしんじ》の塔頭《たっちゅう》、東林院《とうりんいん》は、沙羅双樹《さらそうじゅ》の沙羅の木が多く植えられていることから、沙羅の花の寺としてよく知られている。娑羅双樹とはお釈迦様が入滅した時に、四本が一瞬で枯れ、四本が一気に花を咲かせたと言われる木。二本セットなので、「沙羅双樹」となる。

しかし日本ではインドの沙羅の木は冬が寒くて育たないので、代わりに「夏椿《なつつばき》」が代用されている。本物の沙羅の木は白い小さな花を沢山咲かせ、ジャスミンのような強い香りがする。しかし夏椿は一日花で、咲き終わるとポタリと地面に落ちる。この儚さが、日本人の死生観とピッタリ合ったのか、日本の沙羅の木として植えられた。

六月の特別公開の時期になると、東林院の沙羅の花は満開を迎える。ご住職が東林院の住職となってお寺に入られた時、何か特色のあるお庭にしたいと考え、沢山の沙羅の木を植えられた。そのお陰で真っ白で可愛らしい沙羅の花が咲き誇り、

前庭。くちなしの花も見られる。屋根の上には沙羅の花の瓦が乗る。

苔の上に散る花の景色も楽しめるようになった。そしてお庭を眺めながら抹茶と沙羅の花をかたどった和菓子をいただくことが出来る。

一月には小豆粥で初春を祝う会が行われる。庭の赤やオレンジ色の実をつけた千両《せんりょう》がとても美しい。ここでは四季毎に変わる自然の風景を愛でることが出来る。

お寺の屋根の上にはご住職が自らデザインされた沙羅の花の瓦が載っているので、ぜひ探してみて欲しい。同じものが入口近く（97ページ上の写真）にも飾ってある。

かつて、三百年になる沙羅双樹（夏椿）の古木があった。苔むした石は時代を感じられる。

沙羅双樹は『平家物語』の冒頭の一節に登場することで有名。

本堂からの眺め。中央の低木モッコクとともに十数本の夏椿（沙羅の木）が並ぶ。公開中は、抹茶の他、精進料理をいただきながら鑑賞できる。

沙《さ》羅《ら》のつゆ

沙羅の花を愛でる会

沙羅の花をイメージした和菓子は、「沙羅の花を愛でる会」のために「京菓子處 鼓月（こげつ）」に特注したもの。鼓月は伏見区に本社がある、店舗は中京区の本店ほか、全国に50店舗以上構える。

東林院《とうりんいん》の「沙羅の花を愛でる会」では、お庭を眺めながら和菓子とお茶がいただける。東林院の庭に咲く沙羅の花を表現した、鼓月《こげつ》の「沙羅《さら》のつゆ」という和菓子で、ここでしか食べられない特注のもの。

白いお花をかたどった可愛らしいきんとんは、ふわっととても柔らかい。そして栗で黄色のおしべが表現されている。葉っぱの形のお干菓子も付いている。お庭の沙羅の花を愛で、そして沙羅の花のお菓子を食べる、ぜいたくな時間だ。

鼓月といえば千寿《せんじゅ》せんべいでも有名なお菓子屋。

子供の頃からここの千寿せんべいが好きで、今もよく食べている。高校生の時、友達がよく学校に持って来ていてみんなで一緒に食べた。千寿せんべいの食べ方が人によって違い、波々に沿って少しずつ割って食べる派と、はがして二枚にしてから食べる派とあって、放課後によく食べ方の話で盛り上がった。

青く澄んだ水と
緑の邂逅
水源ゆたかな
東山に憩う

青蓮院は、平安神宮と円山公園をつなぐ「神宮道」の途中にあり、大きな楠が目印となっている。この周辺は「粟田口（三条口）」と呼ばれ、京の七口のひとつだった。また平安時代末期以降、刀を作る刀鍛冶の「粟田口派」がこの周辺に住み、多くの名刀を生み出した。

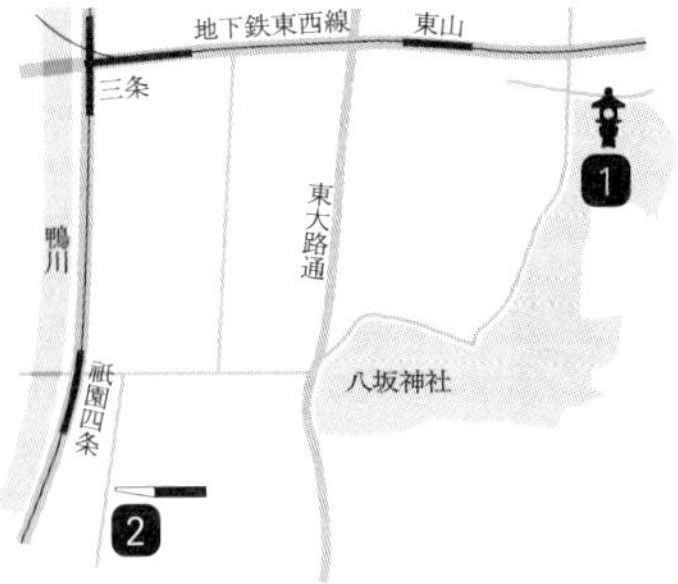

1 青蓮院《しょうれんいん》
京都市東山区粟田口三条坊町69-1
｜拝観｜9〜17時

徒歩25分 or バス+徒歩25分

2 御菓子司 かぎ甚《じん》
京都市東山区大和大路通
四条下る四丁目小松町140
｜営業｜9〜17時（火曜9〜16時）

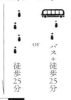

青蓮院

相《そう》阿《あ》弥《み》の庭

1 青蓮院

三千院、妙法院と並ぶ、天台宗総本山比叡山延暦寺の三門跡のひとつ。起源は天台宗の祖最澄が開山の際に作った住坊「青蓮坊」で、平安時代末期、第十二代行玄大僧正に鳥羽法皇が帰依し、王子が弟子になったことで殿舎を造営して青蓮院に改めた。江戸時代、大火で御所が炎上した際に仮

青蓮院《しょうれんいん》は天台宗の門跡《もんぜき》寺院。門前の大きな楠の緑が涼やかな景色を作っている。親鸞《しんらん》が得度《とくど》した場所としても知られ、親鸞お手植えの楠も残る。

境内には水色の池に滝、中島、そして大きな石が浮かぶ池泉式の庭園が広がる。庭は、室町時代の絵師で連歌師《れんがし》、足利将軍の鑑定家でもあった相阿弥《そうあみ》の作庭と伝えられる。

池には石橋「跨龍橋《こりゅうばし》」がかかる。龍が池を跨《また》ぐ姿を連想させる、アーチが美しい橋だ。洗心滝《せんしんのたき》から流れる水音や、池の水色が、神秘的な雰囲気を醸し出している。青蓮院の名前に相応しい青色が印象的な庭だ。雨が降ると、水に濡れた石や楓の色がますます濃く、美しくなる。その光景が忘れられず、雨の日に何度も訪れたくなる。

ここには江戸時代の名作庭家、小堀遠州《こぼりえんしゅう》（諸芸に通じ、茶道では「奇麗さび」と呼ばれる遠州流の祖でもある）の作と伝わる「霧《きり》島《しま》の庭」もある。霧島ツツジの木が植えられた場所で、花が

御所となったことから粟田御所とも呼ばれている。

宸殿の前に広がる苔庭。元は白砂だった。

咲く季節になると真っ赤になる。新緑の青楓の時期にここを歩くのも気持ち良い。水の景色から山の景色への変化も楽しめる。さらに山道を歩いて行くと、最後に宸殿《しんでん》前に辿り着く。元々白砂だったが、今は苔が一面に広がる。

　宸殿は門跡寺院特有の建物。青蓮院の宸殿は徳川家康の孫、東福《とうふく》門院（徳川和子、後水尾天皇の皇后）の御所だったものが移築されている。明治二十六年（一八九三年）に焼失したが、すぐ再興された。縁が深い天皇や歴代門主《もんす》の御尊牌を祀っている。

　大きな楠と苔の緑、そして門跡寺院らしい上品な空気が心地よい場所だ。

小堀遠州の作と伝わる「霧島の庭」。

水色の池が神秘的な庭園。手前の石橋が「跨龍橋」。

御菓子司かぎ甚

水《み》無《な》月《づき》

バス＋徒歩25分
or
徒歩25分

2 御菓子司 かぎ甚

創業百年になる老舗の和菓子店。祇園「鍵善良房」から暖簾分けした。季節ものの和菓子は、見た目も愛らしくお茶席やお稽古などでも重宝されている。

水無月《みなづき》は、六月三十日に行われる夏越祓《なごしのはらえ》の神事に使われていたお菓子。半年間の罪や穢《けが》れを祓《はら》い、これから半年の無病息災を祈願する神事で、水無月の上にのっている赤い小豆は「悪魔払い」を意味する。

三角形は氷を表していて、昔の宮中では夏の暑い時期に氷室から氷を取り寄せ、氷を口にすることで暑気《しょき》を払った。この氷を模して作られたのが水無月の始まりと言われる。

六月三十日近くになると、京都ではそれぞれの店のオリジナル水無月が店頭に並ぶ。ういろう製はもっちりとし、葛製はさっぱりとした食感。かぎ甚さんの水無月はういろう製でゆず皮入りの白、黒糖、ほうじ茶の三種類。白はういろうと豆の味がとても美味しく、ゆずの香りが爽やか。ほうじ茶はコクがあり、風味がとても良い。一度水無月の食べ比べをしたのだが、店によって味も食感も全く違った。それぞれの店のこだわりが、水無月には凝縮されている。

七月 一
東山区

夏の盛りに清らかな白い半夏生を追い求める

建仁寺の塔頭の両足院の周辺には花街の祇園甲部歌舞練場があり、伝統的なお茶屋や料亭が並ぶ。花見小路を散策し、四条通に出ると鍵善良房(四条本店)がある。店内の茶寮では名物の「くずきり」や「わらび餅」がいただける。

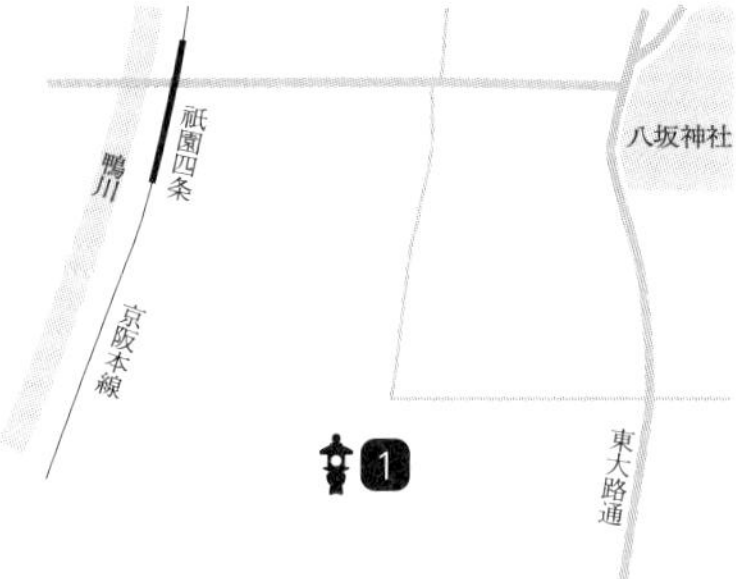

1 両足院《りょうそくいん》
京都市東山区大和大路通四条下る
4丁目小松町591
|拝観|初夏の特別拝観のみ

両足院

書院前庭

1 両足院

建仁寺の塔頭寺院。開基は龍山徳見禅師。創建当時は知足院の名で建仁寺開山堂・護国院の中にあったが、天門年間の火災後、知足院、両足院を併せて両足院を称することになった。半夏生の庭は、京都府指定名勝。通常非公開だが、毎年初夏の花が咲く時期にだけ特別公開される。

半夏生《はんげしょう》の季節になると、建仁寺《けんにんじ》の塔頭《たっちゅう》、両足院《りょうそくいん》さんに行って半夏生の景色を愛でたくなる。

半夏生はドクダミ科の植物。七十二候の「半夏生」（「半夏」という植物、別名カラスビシャクが生える時期なので、半夏生と言う）の頃になると上の方の葉だけが白くなり、白い花が咲いたような姿になる。これは花が小さく目立たないため、花の周りの葉を白くして虫を引き寄せるため。これにより「三白草《さんぱくそう》」や、葉の片側だけ白くなるので「片白草《かたしろぐさ》」とも呼ばれる。

葉にとって白くなることは光合成が出来ず、リスクが高い。そのため花が咲く時だけ葉が白くなり、花が終わると葉はすぐ緑色になる。とても不思議な植物だ。

書院から眺める池泉回遊式《ちせんかいゆうしき》の庭は、江戸時代、茶道の藪内《やぶのうち》流の五代目、藪内竹心紹智《ちくしんじょうち》の作。

お茶のお家元が作庭しているということは、ここは茶室へ向かうための露地《ろじ》の庭になっている。梅軒門《ばいけんもん》をくぐって飛石

苔が美しい方丈前庭は、桃山時代の作。

を歩くと、大村梅軒によって明治に建てられた水月《すいげつ》亭や、梅軒の高台寺別邸にあった茶室を昭和に移築した臨池《りんち》亭にたどり着く。

半夏生の白い葉の中を歩くと、庭が持つ上品さや、きちんと手入れされた気持ち良い空気を感じる。何度か改修されているが、昔は池がもっと大きく、中の島もあったらしい。

背後のサツキの刈込みには景石が幾《いく》つか据えられている。その中の一番左の大きな立石は、祈る僧侶の姿を表している。庭の中で佇む姿は凛々しく、神々しい。

サツキの刈込みの中に景石が据えられている。

大書院からの眺め。右は梅軒門。手前の飛び石を渡ると北側の茶室にたどり着く。

伸びた花穂下の白い葉が花弁のように見える。

御菓子丸

はんげしょうの宝《ほう》珠《じゅ》

半夏生の庭の公開時期に両足院授与所で販売される人気のお菓子。近年、数量限定だが両足院のホームページでも販売している。制作した「御菓子丸」は京都を拠点に創作和菓子を作る活動をしており、実店舗はなくオンラインでのみ購入可能。

両足院の半夏生《はんげしょう》の葉が白くなった時期にだけ、両足院で販売される御菓子丸《おかしまる》さんの「はんげしょうの宝珠《ほうじゅ》」。

そのお菓子を初めて見たとき、その美しさに思わず、わぁ！　と声を上げてしまった。御菓子丸さんによると「両足院のお庭に広がる半夏生の葉は六月から七月にかけて白く染まっていきます。その姿は花弁のように美しく、お庭を拝観された方がその余韻を持って帰れるようにとお作りしたのがこのお菓子です。」とのこと。

白く透き通った琥珀糖《こはくとう》を半夏生の白い葉に見立て、宝珠の形に仕立てている。中にピスタチオの実が入っていて、半透明の琥珀から緑色が透けて見える。その儚げな姿が、半夏生の清楚な姿とぴったり合っててとても美しい。口に入れるとシャリッとした琥珀糖の食感とピスタチオが合わさり、上品な味わい。幸せな余韻が残る。お菓子と植物が見事に融合した、御菓子丸さんの世界観がよく表れたお菓子だ。

京文化を伝える町家にもてなしと粋を垣間見る

八竹庵は、祇園祭の八幡山が建つ鉾町にある町家。近くには無名舎吉田家もあり、京都の町衆文化がよくわかるエリアになっている。周辺には美味しいコーヒー店やレストランも多い。柏屋光貞は八坂神社のすぐ南側の祇園エリアにある。鍵善良房とも近いので、一緒に訪れると楽しい。

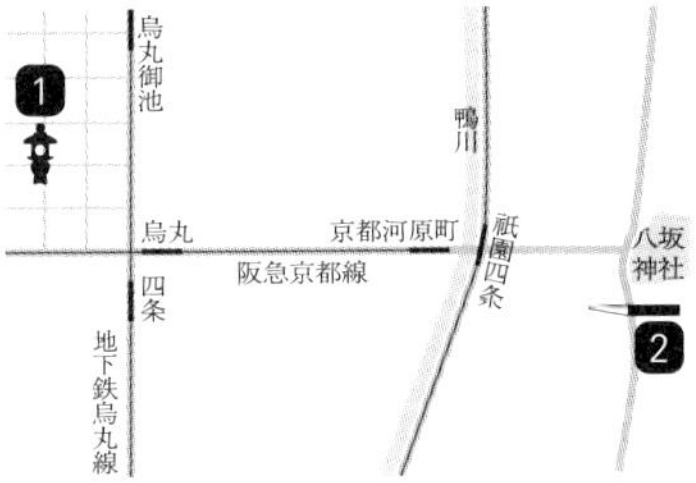

1 八竹庵《はちくあん》
京都市中京区新町通錦小路上ル百足屋町 380
|開館| 10〜17時（木曜休館）

バス＋徒歩25分

2 京菓子司 柏屋光貞《かしわやみつさだ》
京都市東山区安井毘沙門町 33-2
|営業| 10〜18時。日曜、祝日ほか休み

庭園

八竹庵

1 八竹庵

町家建築を今に伝える建物で、二〇二二年から公開されている。現在の姿は、大正時代に豪商、四代目井上利助が、江戸後期に医院だった建物を住宅兼商談の場として新築したもの。大正当時の流行や町家の伝統的な大塀造《だいべいづくり》を見ることができ、京都市指定有形文化財に指定されている。

京都の町家《まちや》には、そこに住む人や住んでいた人のセンスや美意識が溢れている。幾年もかけて培われたその家の歴史が、家や庭に表れていてとても面白い。

中京区にある八竹庵《はちくあん》もそのひとつ。一九二六年「四代目井上利助《りすけ》」が建てた邸宅で、数寄屋《すきや》造りの主屋は上坂浅次郎《こうさかあさじろう》、洋館は武田吾一《ごいち》が設計するという豪華な顔ぶれ。その後川崎家の所有を経て、現在は一般に公開されている。

町家の庭で一番重要なのは、奥座敷からの庭の眺め。奥座敷とは町家の一番奥にある場所で、主人の部屋であることが多い。最もプライベートな空間なので、誰でもが入れる部屋ではなかった。限られた客人のみ通される部屋なので、奥座敷の庭は、家人のセンスがよくわかる空間になっている。

八竹庵の奥座敷の庭には、大きな灯籠が中央に据えられている。竿の部分に「豊国《とよくに》社」と入ったこの灯籠は、豊臣秀吉を祀った神社「豊国神社」のもの。歴史的価値のある灯籠が

通路を渡って祇園祭の山鉾を見物するための「鉾見台」（奥）に出る。

あることから、当時井上利助がいかに目利きで、庭も一級品に仕上げたかがわかる。京都の町屋の中でも豪奢で上品な庭のひとつで、大きな景《けい》石《せき》や踏み分け石も素晴らしい。庭の端には庭師専用の出入口があり、家を通らなくてもお庭のお手入れが出来るようになっている。

　洋館の屋上には「鉾見台《ほこみだい》」がある。これは祇園祭の巡行の時、新町通《しんまちどおり》を通る鉾や山を眺めるための場所。大正時代の京都の町衆の粋が、こんなところからも感じられる。

洋館は、旧帝国ホテルを設計したフランク・ロイド・ライトの影響を受けた造り。

露地の蹲踞（つくばい）。
まさに市中の山居。

奥座敷の庭。中央に豊国神社の灯籠が据えられている。

行者餅《ぎょうじゃもち》

京菓子司 柏屋光貞

バス＋徒歩25分

2 京菓子司 **柏屋光貞**

祇園に程近い場所にあり、創業は江戸時代までさかのぼる。年に一度、一日だけ販売する「行者餅」は、予約は受け付けておらず、無くなり次第終了となる。

祇園祭の頃、七月十六日の宵山《よいやま》の日のみ販売されるお菓子がある。八阪《やさか》神社の近くにある柏屋光貞《かしわやみつさだ》の「行者餅《ぎょうじゃもち》」というお菓子で、行者の「篠懸《すずかけ》」を畳んだ形を表している。篠懸とは行者が衣の上に着る麻の法衣のことで、山の中を歩く時に篠竹《すすたけ》（笹の一種）の露を防ぐためのもの。

一八〇六年（文化三年）、京に疫病が流行した時、柏屋光貞の先代が山伏《やまぶし》として奈良の大峰山回峰修行をし、夢のお告げで見たお菓子を作って祇園祭の山鉾《やまぼこ》のひとつ「役行者山《えんのぎょうじゃやま》」に奉納したところ、疫病から逃れることができ、それから「無病息災の霊菓」として販売されている。

クレープのような生地に、白味噌餡《あん》と山椒、そしてお餅が包まれている。白味噌餡の香りと甘さがとても美味しく、食べるだけで霊験新たかな気持ちになる。一年に一度しか食べられないので、店の前には朝から行列が出来る。祇園祭との関係が深い、京都らしいお菓子だ。

祇園の喧騒から一歩離れ渦潮の音に耳を傾ける

建仁寺は祇園の中心にある寺院。祇園甲部歌舞練場も元は建仁寺の境内だった。建仁寺から徒歩三分のところにあるZEN CAFEは、京都の老舗和菓子店「鍵善良房」が手がけるモダンなカフェ。鍵善良房の茶寮とは異なるメニューで、くず餅やフルーツサンドなどもいただける。

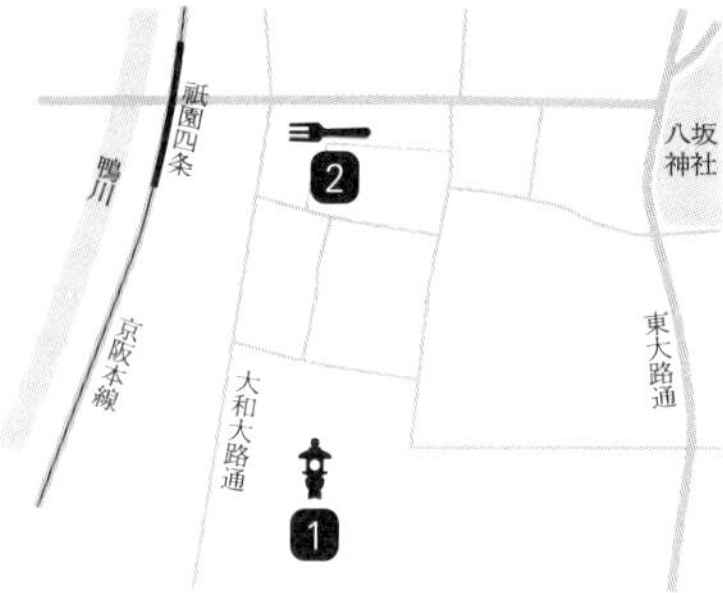

1 建仁寺《けんにんじ》

京都市東山区大和大路通四条下る小松町

｜拝観｜10〜17時

徒歩3分

2 ZEN CAFE

京都市東山区祇園町南側570-210

｜営業｜11〜18時（ラストオーダー17時30分＊早まる場合有り）。月曜休み

建仁寺 潮《ちょう》音《おん》庭《てい》

1 建仁寺

臨済宗建仁寺派の大本山。建仁二年（一二〇二年）に、鎌倉幕府二代将軍源頼家が寺域を寄進し、栄西禅師が開山した京都最古の禅寺。栄西禅師は宋から茶の実を持ち帰り、日本にお茶の文化を広めたことで知られる。天文の大火などによる焼失を経て再興した境内では、国宝の屏風、重文

建仁寺《けんにんじ》の庭園には、人を魅了する特別な魔法がかけられていると思う。

「潮音庭」は庭師、北山安夫氏による平成の庭で、四方どの方向から眺めても美しく見えるように石の配置が考えられている。中央に据《す》えられた三尊石《さんぞんせき》を中心に、渦潮のように渦巻く線上にそれぞれの石が据えられていて、どこから見てもバランスが良い。周りの楓の枝も、渦を巻くように剪定されている。ドウダンツツジや苔の具合も素晴らしい。ここが祇園であることを忘れ、深山幽谷《しんざんゆうこく》の山寺にいるかのようだ。また「潮音庭」という名前を知ると潮の音が聞こえてくるような感覚になる。ひとつの庭園から様々な想像力が広がり、不思議な魔法をかけられているようだ。

方丈庭園の「大雄苑《だいおうえん》」は、昭和の名作庭家、加藤熊吉の作。建仁寺の開山、栄西《えいさい》禅師が中国に渡った時の大海原を表現している。

の方丈ほか、昭和以降に作られた近代庭園も見所。

本坊中庭にある「潮音庭」は、四方正面の庭。

七五三で据えられた石は凛々しく、庭の雄大さをより際立たせる。庭の隅に置かれた七重塔は元々は十三重塔で、織田有楽斎《うらくさい》が兄の織田信長を弔うために建てられた。徳川の時代になって地中に埋められ、明治になって再び掘り出されたため笠の数が減ったのだという。層塔にそんな織田兄弟の秘められたストーリーがあるのも良い。

方丈は、安国寺恵瓊《あんこくじえけい》によって安芸国（広島）の安国寺から移築されたもので、海北友松《かいほうゆうしょう》が描いた障壁画も一緒に建仁寺にやってきた。法堂天井の双龍図を描いた小泉淳作も然《しか》り、建仁寺には素晴らしい芸術家の作品が自然と集まってくるパワーがあるのかもしれない。

方丈前庭「大雄苑」。左は織田信長を弔う塔。

北側の大書院から「潮音庭」を望む。苔と青もみじが美しい庭は秋になると一転、紅葉に染まる。

北山安夫氏が監修した「○△□乃庭」。地(□)、水(○)、火(△)を表している。

特製くずもち
ZEN CAFE

徒歩3分

2 ZEN CAFE

江戸時代創業の老舗の和菓子店「鍵善良房」による、おひとり様もくつろげる和モダンカフェ。店舗の向かいにある、同じ「鍵善良房」が運営する美術館ZENBIもお勧め。

祇園の老舗、鍵善良房《かぎぜんよしふさ》さんがプロデュースしているZEN CAFEさんでは「特製くずもち」をいただくことが出来る。本店の看板メニューは「くずきり」だが、特製のくずもちが食べられるのはこちらのお店だけ。くずきりと同様、吉野大《おお》宇陀《うだ》で四百五十年の歴史を持つ、森野吉野葛本舗の葛《くず》が使用されている。

くずきりがツルリとした食感に対して、くずもちの方はトロリとした食感。良い葛だからこそ出せる味の深さと食感。シンプルなお菓子ほど素材の味がじんわりと出る。

葛のお菓子をいただきながら、ふとイタリア人の友人が日本語検定の試験が難しいと嘆いていた話を思い出した。何が一番難しいのか尋ねると、オノマトペがさっぱり分からないとのこと。葛のお菓子の食感を、トロリ、トロトロ、ツルリといった言葉で楽しめる日本人は、とても幸福（口福？）なのかもしれない。

下鴨・糺の森近く 江戸後期から 明治の名建築と 庭に和む

旧三井家下鴨別邸は下鴨神社の参道にあり、京都市内の原生林として貴重な糺の森や、賀茂川と高野川が合流する鴨川デルタが近い。下鴨神社境内にある甘味処さるやは宝泉堂が営む茶店。百四十年前の味を再現した「申餅」や「良縁ぜんざい」があり、茶寮宝泉と共に楽しめる。

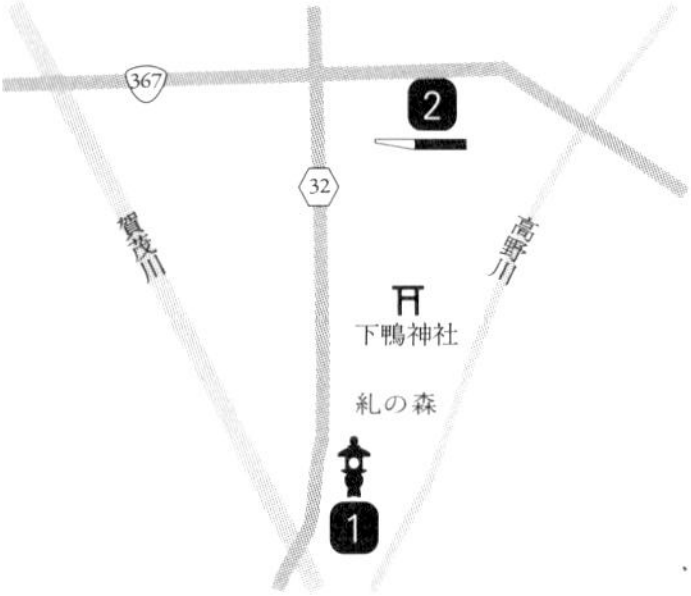

1 旧《きゅう》三《みつ》井《い》家《け》下《しも》鴨《がも》別《べっ》邸《てい》
京都市左京区下鴨宮河町58-2
｜開館｜9〜17時（水曜ほか休み）

徒歩1分
or
徒歩15分
バス+徒歩20分

2 茶《さ》寮《りょう》 宝《ほう》泉《せん》
京都市左京区下鴨西高木町25
｜営業｜10〜17時。水・木曜休み

庭園

旧三井家下鴨別邸

1 旧三井家下鴨別邸

豪商三井家の旧別邸。京都市内に複数あった三井家の邸宅の中でも、先祖の霊を祀った特別な場所であったが、戦後、三井財閥が解体されると、昭和二十四(一九四九年)年に国有化され、京都家庭裁判所の所長舎として使われた。二〇十一年に国の重要文化財となり、二〇一六年から一般公開を開始している。

一九〇九年(明治四十二年)下鴨神社の南の地に、三井家の祖霊社、顕名霊社《あきなれいしゃ》が遷座《せんざ》された。一九二五年(大正十四年)、三井北家の第十代、三井八郎右衛門高棟《たかみね》が、三井家の十一家がこの神社を参拝する時の休憩所として、主屋《おもや》、玄関、茶室、庭園を整えた。

三階建の数寄屋《すきや》造の主屋は一八八〇年(明治十三年)に建てられたもので、元は三条木屋町を上ったところにあったが、こちらに移築された。茶室は三井家がこの地を購入する前からあった江戸時代のもの。三井家一族が勢揃いする場所として、建物も庭も特別なものになっ

主屋三階の望楼。360度、ガラス窓になっている。

主屋二階の高欄の意匠が美しい。
通常は一階と庭園のみの公開。

ている。

庭の池は吉祥の模様である瓢箪《ひょうたん》の形。下鴨神社から糺《ただす》の森を流れる泉川《いずみがわ》から水を取り込み、上品な二段の滝石組《たきいわぐみ》から池に流れ込む。水が澄んでいるので、晴れた日には池の水面に主屋が反射して浮かび上がる。夏にはピンクの百日紅《さるすべり》の花が咲いて、華やかだ。

主屋三階（通常非公開）は一面ガラス窓で、当時かなり貴重なものだった。ここから比叡山と大文字山が一望でき、美しい山々の景色が広がる。さぞかし極上のおもてなし空間だっただろう。茶室（通常非公開）には、丸窓と梅の形の窓があってとってもお洒落。丸窓から眺めるお庭の景色も素敵だ。

三井家別邸は一九四九年（昭和二十四年）に国に譲渡され、一九五一年から二〇〇七年（平成十九年）まで、京都家庭裁判所の所長の宿舎として使用されていた。こんな素敵な場所に住めたとは、なんとも羨ましい限りだ。

主屋二階から庭園を望む。ひょうたん型の池の周りは百日紅と桔梗が彩りを添える。

主屋東側にある茶室の梅鉢型の窓。建物は江戸末期のものとされている。

東山・如意ヶ嶽（大文字山）が一望できる、主屋三階からの眺め。

わらび餅

茶寮 宝泉

バス＋徒歩20分
or
徒歩25分

2 茶寮 宝泉

財界人の住居だった築百年を超える数寄屋造りの建物内のお座敷で甘味をいただくことができる。苔庭を眺めながらいただく、ぜんざい、生菓子が絶品。

下鴨にある茶《さ》寮《りょう》宝泉《ほうせん》は、一九五二年（昭和二十七年）創業の和菓子店、宝泉堂が営む甘味処。築百年以上の数寄屋《すきや》建築の建物で、美しく手入れされた庭園を眺めながら、宝泉堂の季節のお菓子やおぜんざいなどがいただける。

その中でも私が一番好きなメニューは、ここの茶寮でのみ食べることができるわらび餅だ。

わらび餅と言うと四角に切ってきな粉をまぶしたものが多いが、ここは半透明に丸い形で、黒蜜をかけていただく。注文が入ってから和菓子職人さんが国産の本わらび粉を練り上げてくれるので、いつも出来立て。とろりとした中に少し弾力があり、プチっとした食感。そして本わらびの味がしっかり楽しめる。本わらび粉の持つねばりや食感を最大限に引き出すための火入れには技術と経験が要るとお聞きしたことがある。職人さんの腕に支えられたお菓子を、美味しく、大切にいただきたい。

京都の変わらないお菓子、変わるお菓子

柏屋光貞
＊店の詳細は114ページ

「法《ほ》螺《ら》貝《がい》餅《もち》」

京都にはそれぞれの歳事毎に食べる和菓子がある。お正月の花びら餅や、二月の節分に販売される厄除けのお菓子、柏屋光貞の「法螺貝餅」や六月の夏越祓の水無月。七月の祇園祭のお菓子と言えば亀広永の「したたり」や、柏屋光貞の「行者餅」など、和菓子を食べることで季節を知り、日本の伝統を知る。

最近では、老舗の和菓子店で修行した方が独立して、新しい和菓子のお店を開くことが増えた。伝統を踏まえながらも、新しい素材や見た目にこだわった和菓子はとても魅力的だ。二〇二〇年にオープンした「菓子屋のな」の名主川千恵さんが作るお菓子は、季節の果物を使ったイチジク餡《あん》やカシス餡、またミルク餡など、今まで食べたことがない味の和菓子が登場する。

菓子屋のな
京都市下京区醒ヶ井通万寿寺通篠屋町75
「営業」12～18時。日・月休み

「杏《あん》奴《ぬ》」

「他の和菓子屋さんとは違ったお菓子を作ることを心掛けています。」と仰るが、長年修行されていたので腕は確か。お店で炊いておられる小豆のあんこを使ったアンバターチャバタも美味しい。また、小説からモチーフを取ったものが多く、銘にもストーリーがある。

私が特に好きなお菓子は、杏の季節に登場する「杏奴」。銘は森鴎外の次女の名前から来ていて、毎年七月九日の森鴎外の命日に寄せて作られる。杏にそっくりな色と形がとても可愛い。フレッシュな杏をローストし、カンパリ餡と混ぜて、外郎で包む。杏の酸味と風味が効いて、本当に美味しい。名主川さんのお人柄に惹かれてリピートするファンも多い。疲れた時に彼女のお菓子を食べると、ホッと心が和む。そんなお菓子屋さんが京都に増えることは、とても嬉しいことだ。

東山に伝わる平安時代の遺構とモダンな建築を味わう

フォーシーズンズホテル京都は三十三間堂や京都国立博物館などが近くにあるエリア。南側すぐ隣の智積院には、静かで美しい池泉式の庭園があるのでぜひ併せて訪れて欲しい。周辺には有名な甘味処の梅香堂やコーヒーショップ、かき氷専門店などもあり、散策するのに最適。

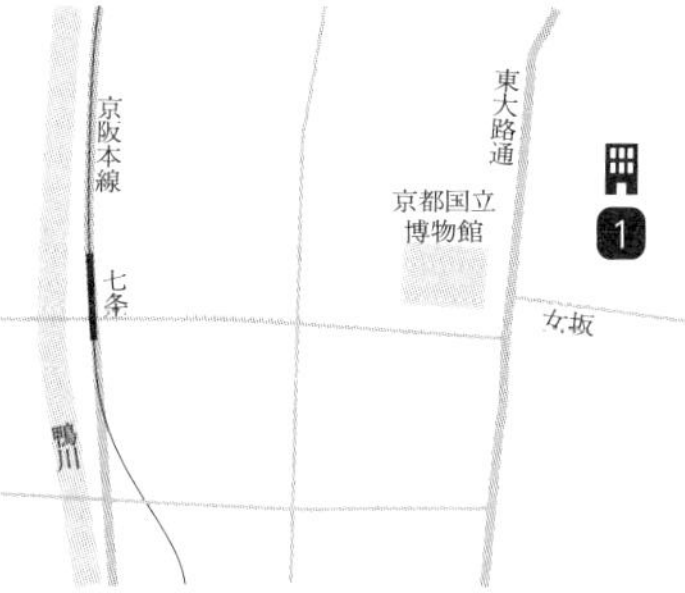

1 フォーシーズンズホテル京都
京都市東山区妙法院前側町 445-3

積《しゃく》翠《すい》園《えん》

フォーシーズンズホテル京都

1 フォーシーズンズホテル京都

二〇一六年開業。客室からは、平安時代末期の遺構とされる、約八百年の歴史を持つ「積翠園」が見え、四季折々で移ろう庭の景色を堪能することができる。積翠園は、平清盛の子で、小松内府と呼ばれた平重盛の別邸「小松殿」の園地が元になっている。

フォーシーズンズホテルの「積翠園《しゃくすいえん》」は、平安時代末期の遺構を残す庭と言われている。『平家物語』に出てくる平重盛（平清盛の息子／一一三八～一一七九年）の別邸「小松殿《こまつどの》」にあった場所と伝えられる。

江戸時代の一六一五年（元和元年）、隣りの妙法院《みょうほういん》の所有となり、元禄期に庭は改修されている。一九五四年（昭和二十九年）に専売公社が購入、その後病院を経て、二〇一六年にフォーシーズンズホテルとなった。

この庭園の一番の見どころは、池に一列に並んだ五個の石「夜泊石（よどまりいし）」だ（141ページ写真）。背後の大きな島が蓬莱山《ほうらいさん》となり、島にやって来て夜に停泊する舟を石で表している。鹿苑寺《ろくおんじ》（金閣寺の正式名称）の金閣の横に一列に浮かぶ四個の石も夜泊石で、こちらも理想郷の蓬莱の世界にやって来た舟を表す。安らぎを与えるホテルの庭としてピッタリのモチーフだ。

竹と竹垣で囲まれたアプローチを抜けるとエントランスが現れる。

広々とした池に浮かぶ数寄屋造《すきやづくり》の茶室は、建築家の山本良介氏のデザイン。現代的で美しい数寄屋建物で、京都産の檜《ひのき》が使われている。ここでは和菓子のアフタヌーンティーが食べられるので、庭を眺めながらゆっくり寛げる。

保護のためのガラスの橋を通して、池に掛けられた古い石橋が鑑賞できる。

『平家物語』によると、平重盛は東山のふもとに四十八間《けん》（約90m※一間は六尺、約1・82m）の御堂《みどう》を建て、一間毎に一基、計四十八基の燈籠《とうろう》を据えて毎月念仏を唱え祈願した。そのため「燈籠大臣《とうろうのおとど》」と呼ばれていたそうだ。灯籠のあだ名とは面白い。平重盛のことがぐっと身近に感じられるエピソードだ。

上・約三千㎡の大池には、大小二つの、大島（蓬莱山）と小島が浮かぶ。園内の滝は、重森三玲の実測図などを元に再現されている。
下・庭園の池に面した数寄屋造の茶室でアフタヌーンティーがいただける。

上・池の大島に沿って並ぶ夜泊石。
下・池を囲むように建てられたホテルの客室から庭を鑑賞できる。

温故知新 新しき場所に 古都の面影を 見出す

ギャリア・二条城 京都の近くには二条城や神泉苑、また有名な喫茶店チロルや全長約八百メートルの三条商店街があり散策に最適。レ・モワノーがある押小路通は人気店が多く、焼菓子のナカムラジェネラルストア、パンのフリップアップ、喫茶マドラグなど気になるお店ばかり。

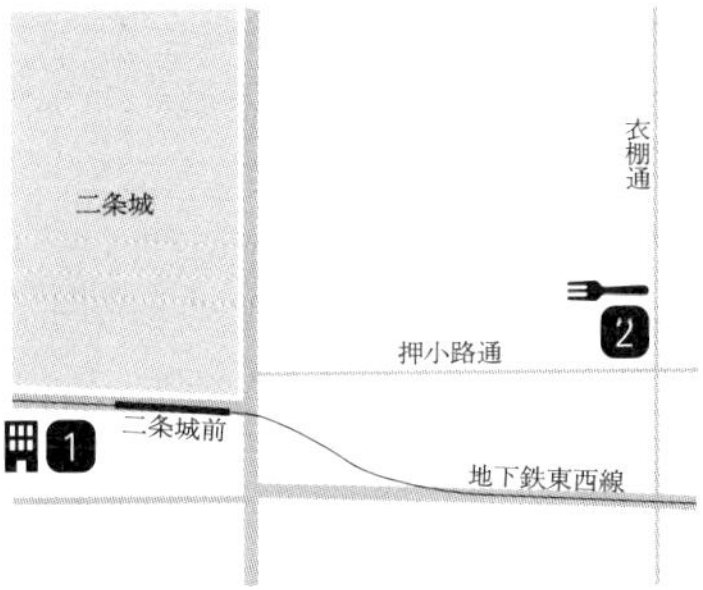

1 ギャリア・二条城《にじょうじょう》 京都
京都市中京区市之町180-1

徒歩15分 or バス＋徒歩10分

2 Pâtisserie Les Moineaux《パティスリー・レ・モワノー》
京都市中京区押小路通衣棚西入
上妙覚寺町208-5
|営業| 12〜18時。日・月・火曜休み

ギャリア・二条城 京都

竹林ガーデン

1 ギャリア・二条城 京都

二〇二〇年に「ダーワ・悠洛京都」と共に開業した、バンヤン・グループの日本初上陸となるホテル。世界遺産の二条城に隣接し、古都の歴史や文化をオマージュする形でデザインされている。また、二条城から着想を得た庭も眺めることができる。

二条城の南側にあるギャリア・二条城 京都は、バンヤン・グループのホテル。二条城の喧騒《けんそう》から離れ、緑溢《あふ》れる空間になっている。

ホテルの中には苔むした庭や、竹林、楓の葉が水面に映る景色が広がる。ここの苔は一年中緑が美しい。毎朝、庭に設置されたミストから水やりが行われるからだ。ミストの霧が苔や楓の木、水盤を覆い、幻想的な風景が現れる。

ホテルの内から外へと続く石垣の壁は、二条城の石垣をイメージしたもの。香川の庵治《あじ》石《いし》が使われている（ページ上写真）。大きな楓が水面に映る姿も美しく、水の中に浮かんでいるように見える。水盤の底には、茶色の伊達《だて》冠石《かんむりいし》がはめ込まれている（左ページ下写真）。江戸時代の年号の数の石が埋め込まれていて、こちらも二条城へのオマージュとなっている。

伊達冠石とは、宮城県にある大蔵山《おおくらやま》採石場から採れる石で、外側は土黄色、内は磨くと艶が出る黒色の石。芸術家のイサ

スイートルームからの眺め。二条城南門や二の丸御殿、比叡山が見える

ムノグチも好んで使った。イサムノグチは庵治石も好み、庵治石の採石場の近くにアトリエを構えていた。良い石はいつの時代もよいデザインに使われる。

一階の部屋からは、苔と竹林の庭が眺められてとても落ち着く。外のバルコニーに出てゆっくり過ごすことも出来る。最上階のスイートルームからは、二条城の二の丸御殿《ごてん》や本丸御殿、天守閣跡の石垣が見渡せ、比叡山も一望出来る。

二条城と比叡山の景色を一緒に楽しめるとはなんて贅沢だろう。二条城に天守閣があった頃の景色を想像すると、京都の変わらないもの、変わりゆくものを感じる。

水盤の底に使われる伊達冠石。

ロビーからの眺め。庭園の木々が玄武岩のテーブルに映り込む。紅葉の時期は、赤く色づく姿を鑑賞できる。

和栗のモンブラン

Pâtisserie Les Moineaux

バス＋徒歩10分
or
徒歩15分

2 Pâtisserie Les Moineaux

白い暖簾が目印の店は、元は築百七十年前の京町家だった。店内にはアンティーク家具のソファーなどが設置され、ゆったりした気分で商品を選ぶことができる。

パティスリー・レ・モワノーはパティシエの勝本真理さんによる、本格フランス菓子の店。オ・グルニエドールに長年おられた。十月に登場するここのモンブランが大好きで、毎年心待ちにしている。熊本産の和栗「利《り》平《へい》」をたっぷり使い、隠し味にラム酒と京都の白味噌が少し入っている。「味に深みを出したい」と白味噌を入れてみたら、バッチリだったそうだ。コクと深みのある栗のペーストが、とても美味しい。モワノーさんのお菓子はひとつひとつが丁寧で、美しい。これぞモワノーさんのケーキ！　という上品な味だ。

　店名の「レ・モワノー」とは「すずめ達」という意味で、昔働いていたお店の厨房に必ず二匹でやって来たすずめのこと。すずめ達が可愛くて癒されたので「お客さんが自分のケーキで癒されて欲しい」「食いしん坊に集まって欲しい」という思いを込めて名付けられた。私も彼女のお菓子が食べたくて、すずめのようにお店に飛んでいってしまう。

樹齢八百年の楠が見守る安らぎの地へおもむく

慈受院は裏千家や表千家のある静かなエリアにあり、妙覺寺（174ページ）、妙顕寺、妙蓮寺といった美しい庭園がある寺院も多い。近くの俵屋吉富小川店の茶寮では、和菓子やかき氷などが楽しめる。みのり菓子は二条駅から徒歩十分。周辺にはコーヒーの名店カフェデコラソンの二条店もある。

1 慈《じ》受《じゅ》院《いん》
京都市上京区堀川寺之内上ル百々町540
|拝観|通常非公開、不定期で特別拝観有り（ホームページにて要確認）

バス＋徒歩20分

2 みのり菓《が》子《し》
京都市上京区主税町1066-1
|営業|予約可能

慈受院

慈《いつく》しみの庭

1 慈受院

別名、竹之御所、薄雲御所。竹之御所は日野栄子の戒名から、薄雲御所は「源氏物語」の第十九帖「薄雲」が由来。かつて、物語との縁が深い藤原道長が建立した法成寺の跡地に立っていたことによる。一九一九年（大正八年）に再興した際、現在の地に移った。

慈受院《じじゅいん》は、室町時代の一四二八年、四代将軍の足利義持（足利義満の子）の正室、日野栄子が天皇家の菩提《ぼだい》を弔うため創建した尼門跡寺院《あまもんぜきじいん》。

尼門跡寺院とは、天皇家や摂関家《せっかんけ》などの身分の高い女性が代々住職を務めた寺院のこと。この場所を訪れた時に感じる上品な雰囲気は、そういった歴史的背景からも生まれている。建物入口に植えてある金木犀《きんもくせい》の木は、人の出入りを見せない衝立《ついたて》の役割を担う尼門跡寺院ならではの配慮（ページ上写真）。秋には満開の金木犀の花の香りが、清浄な空間にふんわりと流れてくる。

本堂前の「慈《いつく》しみの庭」には、樹齢八百年と伝わる大きな楠《くすのき》が木陰を作る。奥の祠には白蛇弁財天様が祀《まつ》られ、白砂の川は守神の白蛇を表す。また楠の横には豊臣秀吉が座ったという出世石が鎮座し、庭の左には加藤清正が朝鮮から持ち帰り、秀吉に献上された松ぼっくりから育ったと伝わる松がある。

別名「貴船菊」と呼ばれる秋明菊が見られる。

秀吉の加護を受けた慈受院の歴史が庭からも感じられる。

奥にある「山野草《さんやそう》の庭」では、四季の様々な花が庭を彩る。秋に咲く濃いピンク色の秋明菊《しゅうめいぎく》は可憐で美しく、尼門跡寺院にピッタリの花だ。こちらでは「草花・薄雲御所流」という生け花を教えておられる。庭の草花を使い、自然の姿をいかして生ける流派で、自然をより身近に感じることができる。

慈受院さんの庭を眺めていると、自然の慎しさに心が落ち着き、安らぎをおぼえる。気持ち良い風が吹き、ゆっくりと静穏な時間が流れていく。

四季折々の花が咲く「山野草の庭」。

大きな楠の木。その左横には、豊臣秀吉が座った出世石がある。

上・守神の白蛇を表した白砂の川。
中・金木犀は十月中頃に満開になる。
下・「誓願成の間」の二つの丸窓は「目覚めの窓」。茶室の「火灯窓」と合わせて、自灯明（じとうみょう）という仏の教えを説いている。

みのり菓子

金《きん》木《もく》犀《せい》のお菓子

バス+徒歩20分

2 みのり菓子

和菓子職人の店主が、出張カフェというスタイルで、旬の果物と野菜を使ったお菓子を提供している。屋号は、お菓子の原点とされる果物の「実る」という言葉が由来。

みのり菓子さんは、和菓子の材料を使いながらも和菓子の枠にとらわれない。新しい和菓子を作っておられる。見た目の美しさにいつも感嘆する。どのお菓子もみのり菓子さんだけが作れるお菓子に昇華されている。老松《おいまつ》さんで長年働かれ、和菓子職人としての知識や経験がしっかりある上に成り立っているので、彼女のお菓子はすべてのバランスがとれ、とても美味しい。

金木犀《きんもくせい》のお菓子は、金木犀の花が咲く頃にだけ食べられる。金木犀の花をギュッと閉じ込めた姿はそれはそれは美しい。

ひと口いただくと、花の香りがフワーッと広がる。毎年金木犀の咲いて間もない花を収穫し、シロップに漬けておくそうだ。金木犀は中国原産の植物で、江戸時代に雄株《おかぶ》だけが輸入されたので、日本で実を結ぶことは無い。でもこんな素敵なお菓子となって、味、香り、季節も楽しめるとは、とても嬉しい。

紅葉の石段を抜け室町時代に記された伝記と出合う

浄住寺は西京区の閑静なエリアにあり、近くには苔寺として有名な西芳寺や、椿や苔が美しい庭園がある地蔵院もすぐ隣り。ここは竹林も美しい。SHUKAがある壬生界隈は、最近おしゃれなカフェが次々オープンするエリア。まるに抱き柏、菓舗歩など、話題の和菓子屋も多い。

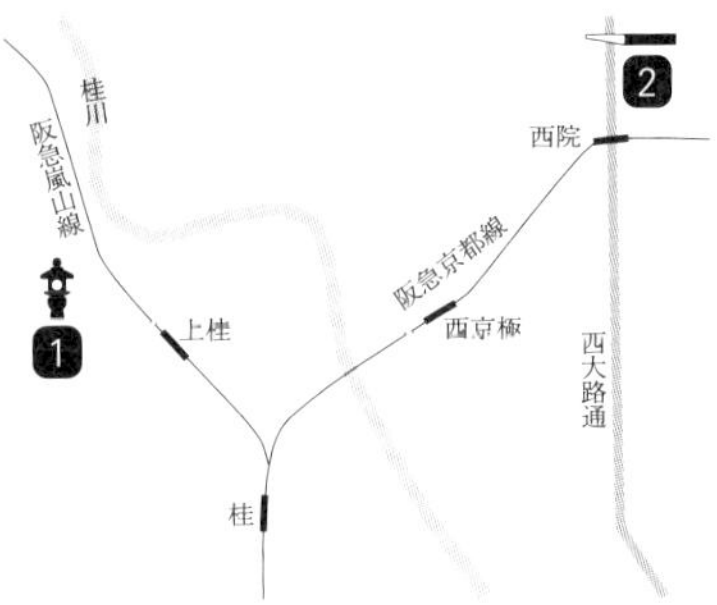

1 浄住寺《じょうじゅうじ》

京都市西京区山田開キ町9

|拝観|春と秋の特別拝観のみ

電車+徒歩30分

2 SHUKA《しゅか》 京都本店

京都市中京区壬生西大竹町3-1

|営業|11～17時30分。月曜休み

方丈庭園

浄住寺

1 浄住寺

弘仁元年（八一〇年）に、天台宗の慈覚大師が開創。南北朝時代の兵火による荒廃を経て、元禄二年（一六八九年）に再興。仙台藩四代藩主、伊達綱村が幼少期を過ごした屋敷を寄進したとされる方丈は、江戸時代の武家屋敷の造りになっている。床の間の壁には、逃げ出せるための穴が設けら

浄住寺《じょうじゅうじ》の石段がとても好きだ。石が少し不揃いに並ぶ様、苔むす様子、楓の樹の美しさ。どこをとっても素晴らしく、「京都の美しい石段」のひとつだと思う。初夏の爽《さわ》やかな青楓の中で見る石段も、秋の赤や黄色、オレンジの紅葉の中の石段も、ああ良いなぁと眺めてしまう。季節を変えて、何度も通いたくなる景色だ。

その石段を登って行くと、京都では珍しい、黄檗宗《おうばくしゅう》の中国風の本堂が出てくる。

創建された平安時代は、嵯峨《さが》天皇の勅願所《ちょくがんしょ》（天皇や上皇の命により、国家鎮護などを祈願した寺社）として天台宗の寺院だった。室町時代に真言律宗《しんごんりっしゅう》となり、江戸時代には鉄牛《てつぎゅう》禅師によって黄檗宗《おうばくしゅう》の寺院として再興された。

江戸時代に作られた方丈庭園（通常非公開）の池に浮かぶ小さな島には、石がひとつ据《す》えられている。これはこの寺院にあると伝わる「お釈迦様の歯」を表している。釈迦入滅時

れた「武者隠し」の仕掛けが残っており、当時の伊達藩の御家騒動「伊達騒動」の名残が伺える。

池の中島に据えられた「お釈迦様の歯」を表す石。

「捷疾鬼《しょうしつき》」というすばしっこい鬼が、お釈迦様の歯を一本取って逃げたが、足の速い韋駄天《いだてん》に捕まって歯は取り戻された。室町時代の軍記物語『太平記《たいへいき》』には、その歯が中国の道宜律師に渡り、その後日本に渡って嵯峨天皇のものとなり、浄住寺の石窟《せっくつ》に安置された、と記してある。

　開山堂の後ろに建つ寿塔《じゅとう》というお堂の下には巨石、さらにその下には石窟があって、鉄牛禅師の遺骨と歯が納められていると伝わる。しかし、お堂の下なので確かめようがない。伝説のままの方が、ミステリアスで面白い。お釈迦様の歯を表した石を庭に据えるというアイデアもユニークで、微笑ましく眺めてしまう。

秋は苔ともみじのコントラストが美しい。

方丈の縁側からの眺め。苔むす庭は江戸時代に作庭された。

種菓のコースとジェラート

SHUKA京都本店

電車+徒歩30分

2 SHUKA 京都本店

老舗の甘納豆専門店が手掛けた、新感覚の種の砂糖漬けに出合うことができる店。種は小豆、黒豆などの定番以外に、ピスタチオ、カシューナッツなどもある。

一九二六年創業の京甘納豆処「斗六屋《とうろくや》」の四代目、近藤健史さんが立ち上げた自社ブランドSHUKA（種菓）は、日本古来の食品保存技術「砂糖漬け」を使った、「種」をテーマにした全く新しいお菓子だ。

ラインナップは斗六豆、小豆、黒豆、そしてカカオ、ピスタチオ、カシューナッツなど。それぞれの素材を煮てシロップ漬けにし、糖度を上げて漬け込む工程を繰り返すと、糖分が中まで浸透する。甘納豆とは味が異なり、素材を生かしたまろやかな甘さと程よい食感がある。

近藤さんは「種を愉しむ」を合言葉に、新しいお菓子を次々と作られる。毎年六月にはSHUKA特製の水無月《みなづき》が登場する。また能登の有名ジェラート店で修行し、二〇二三年からは豆を漬けた後のシロップを利用したジェラートも販売されている。種から芽が出て育ち、花が咲き、次なる種を作り出すように、SHUKAさんのお菓子もどんどん進化していく。

雪月花の三庭苑のひとつ、清水寺の塔頭寺院、成就院の「月の庭」。高台寺山を借景にしている。提供＝清水寺

秋の京都散策

紅葉と庭屋一如

「雪月花《せつげつか》の庭」の「月の庭」として知られる清水寺の成就院《じょうじゅいん》は、岩倉《いわくら》、妙満寺《みょうまんじ》の「雪の庭」、北野天満宮、梅苑の「花の庭」と並び、歌人の松永貞徳《ていとく》が作庭、または名付けたと言われる庭（「雪の庭」は21、「花の庭」は39ペー

夜間拝観では、空に浮かぶ月と共に紅葉に彩られた庭を鑑賞できる。提供＝清水寺

成就院「月の庭」

成就院
京都市東山区清水一丁目294

ジ参照)。

すべての庭は元々三カ所の「成就院(坊)」と呼ばれる塔頭にあった。しかし今も当時の姿のまま残っているのは月の庭のみ。

月の庭と言われるのに庭は北向きで、庭から月を眺める事は出来ない。これは当時、「月に照らし出された光景」を鑑賞していたためだ。庭の楓が色付き、烏帽子《えぼし》石や、蜻蛉《かげろう》灯籠が池に映り込んで、まるで絵画のように美しい。この庭が完璧な姿で残ってくれた事に感謝し、その美しさに魅入ってしまう。

川端康成の部屋からの眺め。天板に風景が映り込む「机もみじ」が美しい。

嵐山 祐斎亭

嵐山にある祐斎亭《ゆうさいてい》は、明治創業の料理旅館だった場所。川端康成が「山の音」を執筆した場所としても知られる。現在は染色作家の奥田祐斎先生の染色アートギャラリーで、先生の感性

建物に面した美しい苔庭。二〇二〇年より一般公開されるようになった。

上・円窓からの眺め。四つの丸の景色と「机もみじ」が楽しめる。
下・四角い窓の部屋では、窓が四幅対の掛け軸のように景色を切り取る。

嵐山 祐斎亭
京都市右京区嵯峨亀ノ尾町6
＊見学は予約優先（季節により異なるためホームページで要確認）

やデザイン性を感じる場所になっている。特に見事なのは自らデザインされた円窓。最初は冬の隙間風を防ぐために窓の内側に設置されたが、その美しいデザインが評判となった。真っ赤や、オレンジに色づいた紅葉が、円窓を通すことでより一層美しく見える。

　紅葉は、先人の想いやデザイン、そして、眺める人のための配慮があると更に美しくなるのだと、これらの場所に行くと感じる。まさに「庭屋一如《ていおくいちにょ》」の世界。庭と建物が一体となり、ひとつの如し、なのだ。

歴史上の人物が常宿にした紅葉の名所に心洗われる

妙覺寺は、妙顕寺、本法寺などの日蓮宗の寺院が集まる西陣エリアにあり、茶道の表千家、裏千家も近い。そのため周辺には俵屋吉富や鶴屋吉信などの老舗和菓子屋も多い。妙覺寺から小川通を九分程歩くとミュルミュールがある。周辺は町家も多く、西陣の良き風情が残っている。

1 妙覺寺《みょうかくじ》

京都市上京区上御霊前通
小川東入下清蔵口町135
|拝観|春と秋の特別拝観のみ

徒歩9分

2 le murmure《ミュルミュール》

京都市上京区挽木町518
|営業|11〜17時30分。日〜木曜休み

妙覺寺

法《ほう》姿《し》園《えん》

1 妙覚寺

織田信長、足利義輝、伊達政宗などの宿所となった日蓮宗の由緒寺院。「美濃を信長に譲る」と記した、戦国武将の斎藤道三の遺言書が所蔵されていることでも知られる。楓と苔が美しい自然庭園の「法姿園」は、法華経のすべての存在のありのままの姿を意味する「諸法実相」を表している。

妙覚寺《みょうかくじ》は、室町時代創建の日蓮宗の寺院。斎藤道三と縁が深く、道三の四男が住職を務めた。そのため織田信長が上洛《じょうらく》する際に一番よく使った常宿だった。本能寺には三回泊まっただけだが、妙覚寺には十八回も泊まっている。いつも通りこちらに泊まっていたら「妙覚寺の変」になっていたかもしれない。

一五八三年（天正十一年）豊臣秀吉の洛中整理令によって二条衣棚《ころものたな》から現在の地に移された。京の区画整理にあたり、日蓮宗の寺院がこの周辺に集められた。そのため今もこの辺りには妙顕寺《みょうけんじ》、本法寺《ほんぽうじ》といった日蓮宗の寺院が多い。

円窓からの眺め。仏様が据えられている。

グラデーションとなった色合いが美しい楓と石灯籠。

妙覺寺は普段非公開だが、新緑と紅葉が美しい季節の年二回、特別公開される。本堂前の「法姿園《ほうしえん》」は、楓の樹々と苔の美しさが映える庭園。

勅使門《ちょくしもん》から本堂に向かってすっと延びる延段《のべだん》（庭に設置された自然石や切石を使った通路。飛び石とは異なり石と石の間が空いていない）の石は苔むし、紅葉との対比で魅力的な景色になっている。自然な楓の木立や樹形が美しいだけでなく、延段があることで凛とした空間を作っている。

世の姿を意味する「法姿」の庭は「あるがまま素晴らしいという教えに沿って、自然そのままの姿をご覧いただくお庭」とのこと。作りこまない自然の美しさを活かした庭園にぴったりの名前だ。

「自然の景色をいかに庭園に落とし込むか」というのはとても難しいことなのだが、この庭はそれをさらりとやってのけている。

本堂からの眺め。延段の上まで敷き詰めたように積もる真っ赤なもみじが風情をそそる。

le murmure

タルトタタン

徒歩9分

2 le murmure

住宅地にある隠れ家のようなお店。「自分達が好きなもの」をテーマに、通販からスタートした菓子類は、現在では店舗で週二日のみ販売している。

妙覚寺のすぐ近くにあるミュルミュールさんは、素敵な姉妹でされているお店。ミルクレープや季節のタルト、ガレットなどの魅力的な焼菓子が店内に並ぶ。

「シンプルに、好きなものだけを焼く」がこだわり。シンプルなお菓子だからこそ、その美味しさが際立つ。食べると幸せな気持ちになる。

　りんごの季節になると始まるタルトタタンは、琥珀《こはく》色に色付いたりんごがぎゅっと詰まっている。日にかざすと透ける美しさ。青森、倉石《くらいし》の紅玉が、一ホールに十二個も使われている。販売時期もりんごが美味しい十一月〜二月のみ。オーブンに入れたり、出したりを繰り返し、トータル約二時間半かけて焼き上げる。ジュワッと口に広がるりんごの美味しさは格別。酸味が効いて、甘過ぎない。

　フランスで色々食べ比べたが、ミュルミュールさんのタルトタタンが世界一美味しい、といつも思う。

冬木立となりゆく
師走の洛西で
襖絵の
草花に見入る

大雄院は妙心寺の境内、北総門近くに位置する。お隣りには桂春院があり、こちらの庭園も美しいのでぜひ一緒に鑑賞して欲しい。妙心寺の北門から十五分程住宅街の中を歩いたところに、いと達がある。御室仁和寺や龍安寺も徒歩圏内なので、庭園巡りの途中にも立ち寄りやすい。

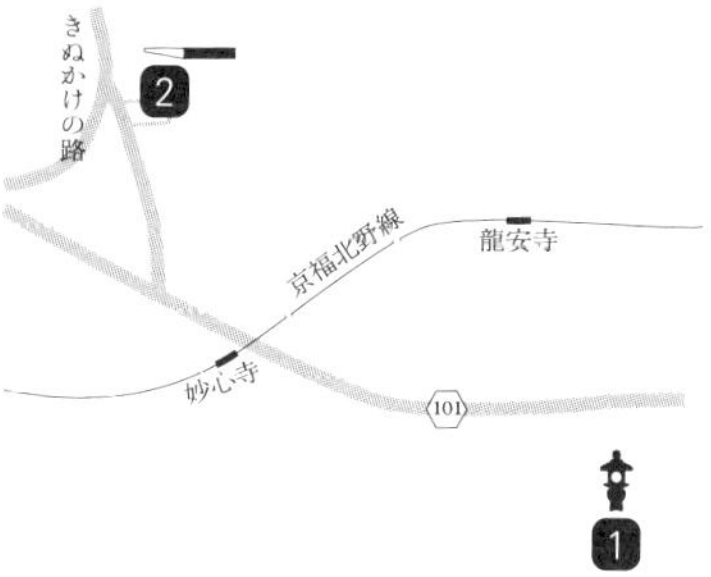

1 大《だい》雄《おう》院《いん》
京都市右京区花園妙心寺町52
|拝観|春と秋の特別拝観のみ

徒歩15分

2 御室和菓子　いと達《たつ》
京都市右京区龍安寺塔ノ下町5-17
|営業|10〜17時。水・日曜休み

大雄院
千《ち》種《ぐさ》の花の丸襖絵

1 大雄院

妙心寺塔頭寺院。豊臣秀吉の家臣だった、石河光元の長子、光忠が創建。創建当時は、家康より賜った伏見の屋敷が移築され、現在、表門が当時の姿で残っている。襖絵は柴田是真の手によるもので、作品の多くが焼失または海外に流出していることから貴重なものとなっている。

妙心寺《みょうしんじ》の塔頭《たっちゅう》、大雄院《だいおういん》は、一六〇三年（慶長八年）尾張藩家老の石河光忠《いしこみつただ》が父の菩提寺《ぼだいじ》として建立した寺院。石河光忠は、徳川家康の側室となったお亀の方の連れ子。家康とお亀の方との間に生まれた徳川義直《よしなお》が尾張徳川家の初代藩主となった時、石河光忠は家老となって支えた。

大雄院の客殿（現在の方丈）と書院は一七二六年（享保十一年）に再建されたもので、庭園もこの時に作庭されたと伝えられる。常緑樹を中心とした落ち着いた庭に、低く刈り込んだサツキ、苔、そして灯籠が置かれている。とんがった笠を持つ蓮華寺《れんげじ》型灯籠は、先代のご住職が蓮華寺から貰い受けた由緒あるもの。

心字池《しんじいけ》（「心」の字をかたどった池）は一七二六年に作られた。この辺りは湿地帯で、地中を掘ると今でも水が出てくるそうだ。そのため最近まで池は天然の水だった。護岸の石組は、昭和期に中根金作《なかねきんさく》によって修復されている。

庭に作られた心字池。護岸の石垣は中根金作の改修。

客殿の襖絵は、幕末から明治初期に活躍した柴田是真《ぜしん》の作。京都の四条派に入門するため上京した青年の頃の是真が、大雄院に宿泊し、襖に絵を描いた。

　その縁もあって、柴田是真による明治宮殿の天井画「千種《ちぐさ》の間 綴織《つづれおり》花の丸天井」（明治宮殿は現在の皇居にあった建物で第二次世界大戦の戦火で消失）の下絵を、襖絵に描くプロジェクトを発足、二〇二〇年に四十三種の草花図が美しく蘇った。

　描いたのは宮絵師、安川如風《にょふう》氏。よく見ると雀や蝶々、蜂などの生き物が如風氏によって書き加えられ、花の絵を生き生きとさせている。花々に溢れた、素晴らしい空間だ。

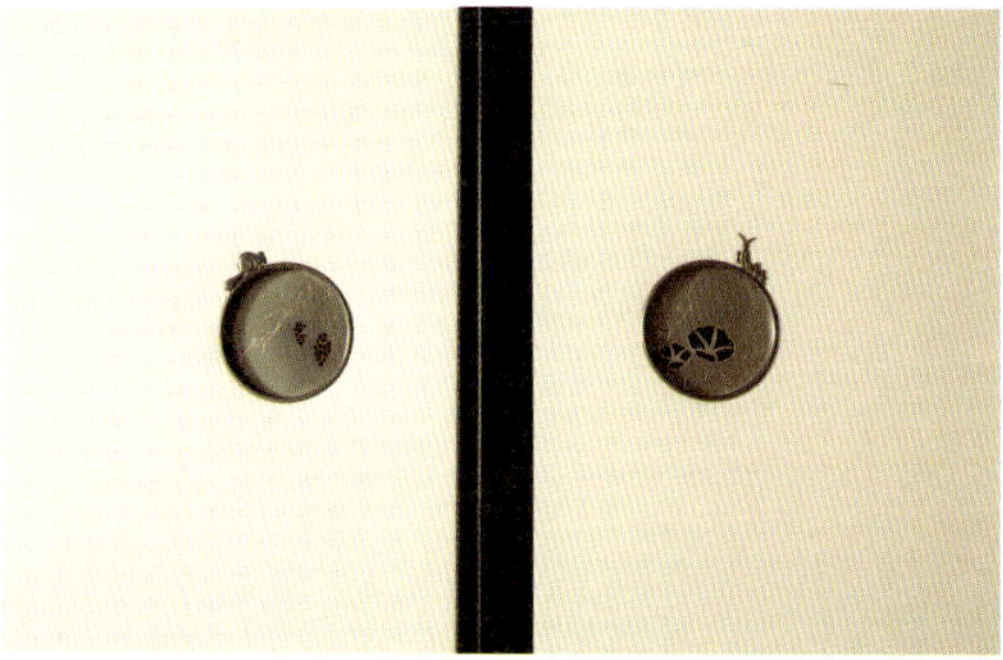

右はカマキリと朝顔、左はリスとぶどうの引手金具。

本堂前に建つ蓮華寺型灯籠。

プロジェクトによって現代に復活した、襖絵の花の丸図。かつての明治宮殿の丸大天井の壮麗さが忍ばれる。

上用饅頭 じょうよまんじゅう　いと達

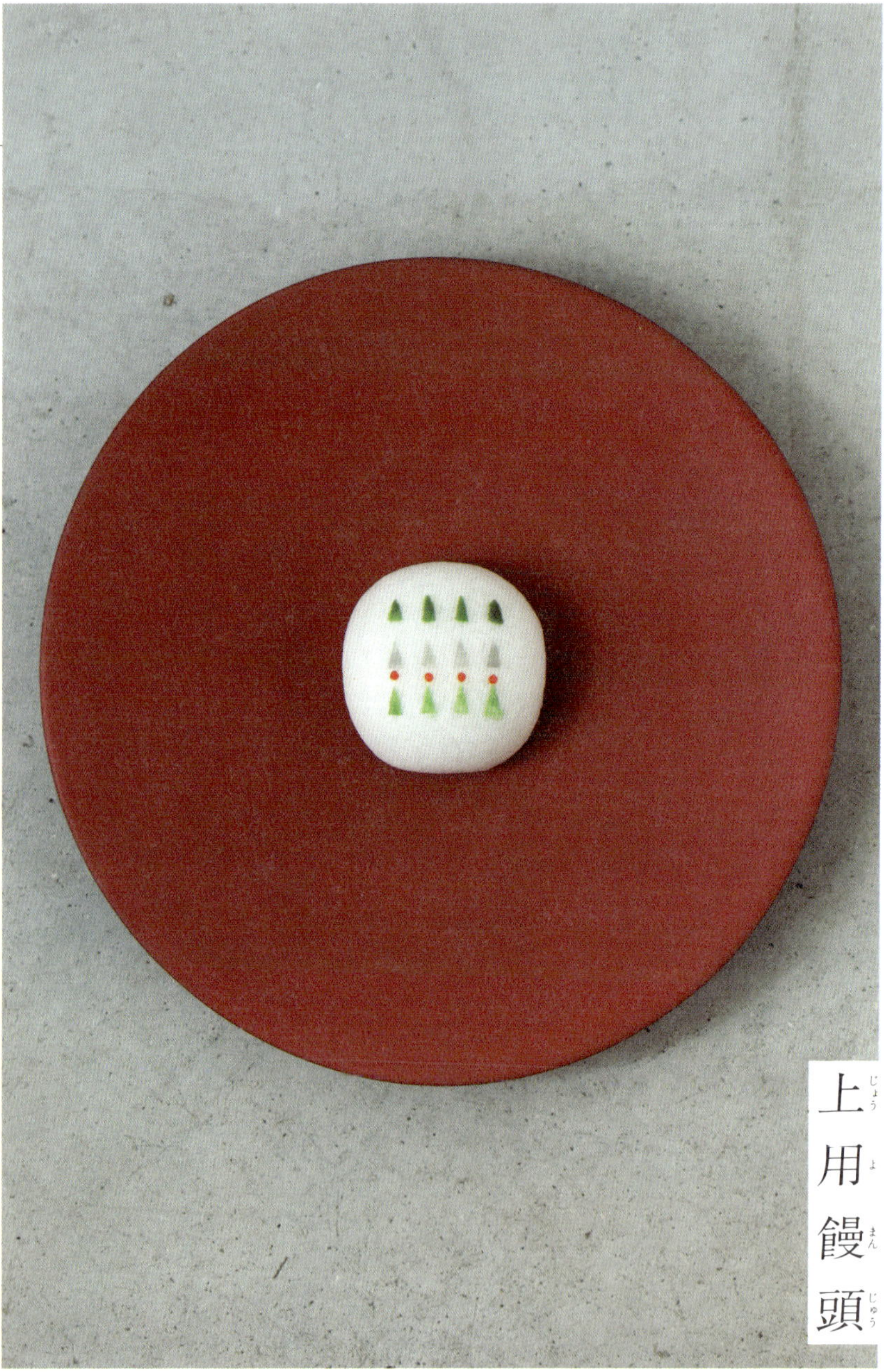

徒歩15分

2 御室和菓子 いと達

和の佇まいの店構えから中に入ると一転、ターコイズブルーの鮮やかな壁に意表をつかれる店内では、創意工夫を凝らしたここだけのお菓子が並ぶ。

妙心寺《みょうしんじ》の北門から十五分程歩いた住宅街の中に、素敵ないと達《たつ》さんのお店がある。

ご主人の伊藤達也さんは、笹屋《ささや》伊織《いおり》で十年修行され、二〇一九年にお店を出された。洋菓子屋さんのようなおしゃれな店内の窓からは、伊藤さんがお菓子を作る様子を見学できる。きんとんのお菓子を頼むと、その場で漉《こ》し器でそぼろを作り、餡玉に付ける職人技を見ることができる。

クリスマスのお菓子、ノルディック調の上用《じょうよ》饅頭《まんじゅう》は、北欧のセーターのような可愛いデザイン。あっさりした餡《あん》にふんわりした生地は上品で、丁寧な味がする。可愛いのに本格的な味。饅頭の模様は季節ごとに変わる。

いと達さんのくまの最中は、二〇二一年十月に仁和寺《にんなじ》で行われた竜王戦で、藤井聡太棋士のおやつに選ばれた。こちらもいろんな可愛いバージョンが登場するのでチェックして欲しい。

十二月〈二〉下京区

心せく年の瀬に「お東さん」の庭園でゆるりと過ごす

渉成園は、東本願寺から正面通を東に歩いて五分程の場所。正面通には数珠や法衣、仏具店など創業百年以上の店が並び、門前らしい風情が残っている。京都駅からも徒歩圏内。末富は本店以外にも高島屋やJR伊勢丹の地下にもお店があるので、お土産としてもお勧め。

東《ひがし》本《ほん》願《がん》寺《じ》
京都市下京区烏丸通七条上る

1 渉《しょう》成《せい》園《えん》
京都市下京区下珠数屋町通間之町東入東玉水町
|見学| 9時(9時)〜17時(16時)＊カッコ内は11月〜2月の期間　＊受付は30分前まで

バス+徒歩15分

2 京菓子司 末《すえ》富《とみ》（本店）
京都市下京区松原通室町東入
|営業| 9〜17時。日・祝休み

渉《しょう》成《せい》園《えん》

東本願寺

1 東本願寺、渉成園

浄土真宗「真宗大谷派」の本山。宗祖親鸞の廟堂が建てられたのが始まりとされている。兵火、大火により幾度も焼失するも、現在の建物は明治時代に再建した。御影堂、阿弥陀堂、御影堂門は国の重文、徳川家光が寄進した約一万坪の土地に作られた渉成園は国指定名勝。

渉成園《しょうせいえん》は東本願寺の飛地《とびち》境内地《けいだいち》で、一六四一（寛永十八年）に徳川家光から東本願寺に寄進され、門首《もんしゅ》の隠居の場、また来賓をもてなす場として使われた。

周囲が枳殻《きこく》の生垣で囲われていたことから「枳殻邸《きこくてい》」とも呼ばれていた。枳殻とはカラタチとも言い、柑橘《かんきつ》の低木で大きな鋭いトゲがあり、防犯の役割で植えられていたもの。有刺鉄線のようなものだ。庭園は石川丈山《じょうざん》の作と伝えられる。

渉成園の東北側には「塩竈町《しおがまちょう》」があり、平安時代に源《みなもと》融《とおる》の屋敷、六条河原院がこの辺りにあったと伝えられる。茶室「縮遠亭《しゅくえんてい》」の蹲踞《つくばい》の手水鉢《ちょうずばち》は「塩竈《しおがま》」と呼ばれ、塩を炊く釜に見立てられている。

茶室の露地にある雪が積もったデザインの灯籠。

印月池に浮かぶ大島、臥龍堂。左は源融ゆかりの塔。

これは源融が尼崎からわざわざ海水を運ばせ、庭で塩竈を炊き、奥州の海辺で塩を炊く景色を再現した、というエピソードから来ている。手水鉢は宝塔の塔身の部分の転用（再利用）で、鎌倉時代のもの。また鎌倉時代の作「源融ゆかりの塔（供養塔）」も池に建つ。

印月池《いんげつち》の水は、昔は高瀬川から水を引いていたが、明治になると琵琶湖疏水から専用の水道管「東本願寺水道」で水を引いていた。今は老朽化したため使われておらず、井戸水を汲み上げている。

二階建の茶室「蘆菴《ろあん》」の露地には、私のお気に入りの石灯籠がある（右ページ下写真）。江戸時代のもので春日灯籠と紹介されているが、よく見ると灯籠に雪が積もったような姿で石が彫られている。笠や中台にこんもりと雪が積もった景色に見え、とても珍しい。冬の雪景色を彷彿とさせる、風美な灯籠だ。

臨池亭からの眺め。奥は滴翠軒。池は印月池と遺水でつながっている。

キャロル／聖夜

京菓子司　末富

バス＋徒歩15分

2 京菓子司 末富

亀末廣で修業した職人が初代となった和菓子店。東本願寺などの寺社や茶道の家元に収める和菓子の数々は京都の行事を彩ってきた。

末富《すえとみ》は創業一八九三年（明治二十六年）の和菓子屋。「ただお菓子を写実的にうつすことではなく、人の情感に訴えることこそが京菓子の遊び心を生み出す」というモットーのもと、華やかながら、どこか愛らしいデザインの和菓子を作っておられる。それがよく表れているのがクリスマスのお菓子「キャロル」と「聖夜」。クリスマスツリーをきんとんで表現し、こなし製（餡《あん》に小麦粉などを混ぜて蒸したもの）のデコレーションの飾り、そして一番上に寒天の星が飾られている。見た目がとにかく可愛い。そしてひと口食べると、山芋の柔らかいフワッとした食感に、上品なあんこの味がする。最近ではSUETOMI AoQ（青久）もプロデュースされ、末富のあんこを楽しめるお菓子を展開されている。

「末富ブルー」と言われる包装紙は、日本画の池田遥邨《ようそん》画伯のデザイン。上品な青色が印象的で、私の包装紙コレクションのひとつになっている。

あとがき

京都の庭園と同じくらい、京都のお菓子を愛している。

子供の頃からお正月は花びら餅、家の庭の桜が咲いたら花見団子と桜餅でお花見、初夏には水無月や粽、秋は亥の子餅、冬は雪餅、と必ず季節の楽しみがあった。

祖母がお茶の先生だったので、家に行くとお抹茶を点て、美しい和菓子を食べさせてくれた。それが子供の私にはとても特別な時間だった。また母がケーキを焼くことが好きだったので、苺タルトやレモンパイ、チョコレートケーキやクリスマスのフルーツケーキなどを作ってくれた。私のお菓子の記憶は、祖母の和菓子、母の洋菓子から出来ている。


京都の門前には老舗の和菓子店が多い。

今宮神社のあぶり餅、上賀茂神社の焼餅、下鴨神社の御手洗《みたらし》だんご、北野天満宮の粟餅《あわもち》…寺社を参拝した後は、なぜか甘いものが食べたくなる。昔も今も、京都人はお菓子をこよなく愛する民なのだ。

今回取材や撮影で伺った寺社仏閣やホテル、店舗の皆様には大変お世話になり、心から感謝している。フォトグラファーの野口さとこさんには暑い日も寒い日も撮影に出掛けていただいた。文京図案室の三木さん、高見さんはとても素敵なデザインをしてくださった。編集の鴨田さんとは二冊目のご縁だったが、沢山ご迷惑をおかけし、とてもお世話になった。

皆様、本当にありがとうございました。

烏賀陽百合

烏賀陽百合《うがや ゆり》

庭園デザイナー、コーディネーター。庭園本著者。

同志社大学文学部日本文化史卒業。兵庫県立淡路景観園芸学校、園芸本課程卒業。

カナダ・ナイアガラ園芸学校で園芸、デザインを３年間勉強。

またイギリスの王立キューガーデンでインターンを経験。

これまで32ヶ国を旅し、世界中の庭園を見てまわる。

２０１７年３月ニューヨークのグランドセントラル駅のイベントで日本庭園を作る。

２０２３年３月泉涌寺塔頭、法音院の庭園を改修。９月ニューヨークに苔庭を作庭。

庭と同じくらいスイーツが大好き。京都を中心に、日本国内、海外のスイーツを食べ歩く。

主な著書に『一度は行ってみたい 京都 絶景庭園』（光文社知恵の森文庫）、

『しかけに感動する京都名庭園』（誠文堂新光社）、『美しい苔の庭』（エクスナレッジ）等がある。

写真提供
建仁寺（P１２３、P１２５上、P１２６〜１２７）
フォーシーズンズホテル京都（P１４４下）
清水寺成就院（P１７0、１７１）

京都の庭とお菓子さんぽ
はる・なつ・あき・ふゆ京都案内

2025年1月29日　初版第1刷発行

著者
烏賀陽百合

発行者
三輪浩之

発行所
株式会社エクスナレッジ
〒106-0032 東京都港区六本木7-2-26
https://www.xknowledge.co.jp/

問合わせ先
[編集] tel 03-3403-6796　fax 03-3403-0582
info@xknowledge.co.jp
[販売] tel 03-3403-1381　fax 03-3403-1829